Helmke/Dangelmaier
Marktspiegel Customer Relationship Management

Stefan Helmke/Wilhelm Dangelmaier

Marktspiegel Customer Relationship Management

Anbieter von CRM-Software im Vergleich

Stefan Helmke ist seit mehreren Jahren als Unternehmensberater tätig und hat ein Promotionsstipendium am Heinz-Nixdorf-Institut der Universität Paderborn zum Thema CRM.
E-Mail: helmke@hni.upb.de
Tel: 0211/759-8474 oder 0177/5721994

Prof. Dr. Wilhelm Dangelmaier ist Inhaber des Lehrstuhls für Wirtschaftsinformatik am Heinz-Nixdorf-Institut der Universität-GH Paderborn. Zugleich leitet er das Fraunhofer Anwendungszentrum für Logistikorientierte Betriebswirtschaft Paderborn.

Die Deutsche Bibliothek – CIP-Einheitsaufnahme
Ein Titeldatensatz für diese Publikation ist bei
Der Deutschen Bibliothek erhältlich.

1. Auflage März 2001

Alle Rechte vorbehalten

© Betriebswirtschaftlicher Verlag Dr. Th. Gabler GmbH, Wiesbaden 2001
Lektorat: Barbara Roscher / Jutta Hinrichsen

Der Gabler Verlag ist ein Unternehmen der Fachverlagsgruppe BertelsmannSpringer.

Das Werk einschließlich aller seiner Teile ist urheberrechtlich geschützt. Jede Verwertung außerhalb der engen Grenzen des Urheberrechtsgesetzes ist ohne Zustimmung des Verlages unzulässig und strafbar. Das gilt insbesondere für Vervielfältigungen, Übersetzungen, Mikroverfilmungen und die Einspeicherung und Verarbeitung in elektronischen Systemen.

www.gabler.de

Höchste inhaltliche und technische Qualität unserer Produkte ist unser Ziel. Bei der Produktion und Verbreitung unserer Bücher wollen wir die Umwelt schonen. Dieses Buch ist deshalb auf säurefreiem und chlorfrei gebleichtem Papier gedruckt. Die Einschweißfolie besteht aus Polyäthylen und damit aus organischen Grundstoffen, die weder bei der Herstellung noch bei der Verbrennung Schadstoffe freisetzen.

Die Wiedergabe von Gebrauchsnamen, Handelsnamen, Warenbezeichnungen usw. in diesem Werk berechtigt auch ohne besondere Kennzeichnung nicht zu der Annahme, dass solche Namen im Sinne der Warenzeichen- und Markenschutz-Gesetzgebung als frei zu betrachten wären und daher von jedermann benutzt werden dürften.

Konzeption und Layout des Umschlags: Ulrike Weigel, www.CorporateDesignGroup.de
Druck und buchbinderische Verarbeitung: Hubert & Co, Göttingen
Printed in Germany

ISBN: 3-409-11768-7

Vorwort

Kundenzufriedenheit und Kundenbindung stellen immer wichtiger werdende Zielgrößen für den Unternehmenserfolg dar. Durch eine gezielte Kundenbearbeitung können sich Unternehmen entscheidende Wettbewerbsvorteile verschaffen. Dazu sind die entsprechenden Prozesse hinsichtlich Effizienz und Effektivität zu optimieren und durch geeignete Instrumente zu unterstützen.

CRM-Software leistet die DV-technologische Unerstützung zur Erfüllung dieser Aufgaben. Da viele Anbieter am Markt aktiv sind und vielfältige Funktionalitäten bieten, führt dies oftmals zu Intransparenz und Unsicherheit bei der Systemauswahl.

Dieser Marktspiegel bietet einen Überblick zum CRM-Markt, indem u. a. vorgestellt wird, welche Funktionalitäten von welchen der untersuchten Anbietern angeboten werden. Dabei wird zusätzlich für die einzelnen Funktionalitäten erläutert, welche kritischen Faktoren Unternehmen für eine erfolgreiche Einführung berücksichtigen sollten. Da der Einführungsprozeß von CRM-Software eine sehr komplexe Aufgabe darstellt, von der verschiedene Unternehmensbereiche berührt sind, wird ein Leitfaden für einen möglichen Projektverlauf sowie für die reibungslose Einbindung in die Unternehmensorganisation gegeben.

So ergibt sich ein Gesamtwerk, das bei der Softwareauswahl Hilfestellung bietet und darüber hinaus managementorientiert den CRM-Einführungsprozeß in Form eines Projektleitfadens strukturiert sowie die organisatorische Verankerung von CRM im Unternehmen aufzeigt.

Für die Unterstützung bei der Layout-Gestaltung des Manuskripts gilt unser besonderer Dank Herrn cand. wirt.-ing. Helge Wessoly und Herrn cand. rer. pol. Thomas Lilie. Zudem möchten wir uns für konstruktive Hinweise bei Frau Dipl.-Kffr. Dörte Brinker sowie Herrn Dipl.-Kfm. Matthias Uebel bedanken. Des weiteren möchten wir uns bei den Anbietern bedanken, die sich mit der Beantwortung des Fragebogens am Marktspiegel beteiligt haben.

Paderborn STEFAN HELMKE, WILHELM DANGELMAIER

Inhaltsverzeichnis

Abbildungsverzeichnis .... **IX**

Tabellenverzeichnis .... **XI**

1. Einleitung 1

2. Einführung in das Customer Relationship Management 3

    2.1   Hintergrund und Definition Customer Relationship Management 3

    2.2   Zielsetzung von CRM 5

    2.3   Einbindung von CRM in die Unternehmensorganisation 10

3. Gesamtmarktüberblick **12**

    3.1   CRM-Software 12

    3.2   Marktakteure 15

    3.3   Erfolgsfaktoren 17

            3.3.1 Grundlegende Aspekte 17

            3.3.2 Leitfaden für eine erfolgreiche CRM-Einführung 19

            3.3.3 Change Management für eine erfolgreiche CRM-Einführung 24

            3.3.4 Zusammenfassende Checklisten 31

4. Design der Anbieterbefragung **34**

5. Auswertung der Befragungsergebnisse **45**

    5.1   Inhaltliche Funktionalitäten 45

            5.1.1 Vertriebsmanagement / CAS 47

            5.1.2 Kundendatenbanken 61

            5.1.3 Customer Service Center 68

            5.1.4 Geo-Marketing 73

            5.1.5 Marktkommunikation 76

            5.1.6 Kundenzufriedenheitsmanagement 80

            5.1.7 Pricing 88

            5.1.8 Data Mining/Databasemarketing 92

    5.2   Methodische Funktionalitäten 99

    5.3   IT – Umfeld 103

            5.3.1 Betriebssysteme 103

            5.3.2 Datenbanken 109

	5.3.3 Programmiersprachen	116
	5.4 Service	118
	5.4.1 Schulungsmaterialien	118
	5.4.2 Unterstützung	120
	5.5 Unternehmen	122
	5.5.1 Potentialanalysen	123
	5.5.2 Zielgruppe und Referenzen	127
	5.5.3 Preispolitik	133
	5.5.4 Umsatzverteilung	138
	5.5.5 Bedeutung CRM-Systeme	139

Anhang A: Competence Center des Fraunhofer ALB 141

Anhang B: Anbieterübersicht 142

Anhang C: Glossar zum CRM-Umfeld 167

Literaturverzeichnis 178

Abbildungsverzeichnis

Abbildung 1: Kundenzufriedenheitsportfolio 9
Abbildung 2: Acceptance-Success-Portfolio 23
Abbildung 3: Spannungsfeld bei CRM-Einführung 26
Abbildung 4: Vertriebsmanagement (I) 47
Abbildung 5: Vertriebsmanagement (II) 47
Abbildung 6: Kundendatenbanken 61
Abbildung 7: Customer Service Center 68
Abbildung 8: Geo-Marketing 73
Abbildung 9: Marktkommunikation 76
Abbildung 10: Kundenzufriedenheitsmanagement (I) 80
Abbildung 11: Kundenzufriedenheitsmanagement (II) 80
Abbildung 12: Pricing 88
Abbildung 13: Data Mining/Databasemarketing 92
Abbildung 14: Methodische Funktionalitäten (I) 99
Abbildung 15: Methodische Funktionalitäten (II) 99
Abbildung 16: Betriebssysteme 103
Abbildung 17: Datenbanken 109
Abbildung 18: Programmiersprachen 116
Abbildung 19: Schulungsmaterialien 118
Abbildung 20: Unterstützung 120
Abbildung 21: Potentialanalyse 123
Abbildung 22: Customizing 125
Abbildung 23: Zielgruppe 127
Abbildung 24: Referenzbranchen (I) 129
Abbildung 25: Referenzbranchen (II) 129
Abbildung 26: Preispolitik Lizenzen 133
Abbildung 27: Umsatzverteilung 138
Abbildung 28: Umsatzanteil CRM-Systeme 139
Abbildung 29: Bedeutung CRM 139

Tabellenverzeichnis

Tabelle 1: Vertriebsmanagement (I) 49

Tabelle 2: Vertriebsmanagement (II) 50

Tabelle 3: Vertriebsmanagement (III) 51

Tabelle 4: Vertriebsmanagement (IV) 52

Tabelle 5: Kundendatenbank (I) 62

Tabelle 6: Kundendatenbank (II) 63

Tabelle 7: Customer Service Center 69

Tabelle 8: Geo-Marketing 74

Tabelle 9: Marktkommunikation 77

Tabelle 10: Kundenzufriedenheitsmanagement (I) 82

Tabelle 11: Kundenzufriedenheitsmanagement (II) 83

Tabelle 12: Pricing 89

Tabelle 13: Data Mining/Databasemarketing (I) 93

Tabelle 14: Data Mining/Databasemarketing (II) 94

Tabelle 15: Data Mining/Databasemarketing (III) 95

Tabelle 16: Methodische Funktionalitäten (I) 100

Tabelle 17: Methodische Funktionalitäten (II) 101

Tabelle 18: Betriebssysteme (I) 104

Tabelle 19: Betriebssysteme (II) 105

Tabelle 20: Betriebssysteme (III) 106

Tabelle 21: Betriebssysteme (IV) 107

Tabelle 22: Betriebssysteme (V) 108

Tabelle 23: Datenbanken (I) 110

Tabelle 24: Datenbanken (II) 111

Tabelle 25: Datenbanken (III) 112

Tabelle 26: Datenbanken (IV) 113

Tabelle 27: Datenbanken (V) 114

Tabelle 28: Datenbanken (VI) 115

Tabelle 29: Programmiersprachen 117
Tabelle 30: Schulungsmaterialien 119
Tabelle 31: Unterstützung 121
Tabelle 32: Potentialanalyse 124
Tabelle 33: Customizing 126
Tabelle 34: Zielgruppe 128
Tabelle 35: Referenzbranchen (I) 130
Tabelle 36: Referenzbranchen (II) 131
Tabelle 37: Referenzbranchen (III) 132
Tabelle 38: Preispolitik Lizenzen 134
Tabelle 39: Kosten (I) 135
Tabelle 40: Kosten (II) 136
Tabelle 41: Kosten (III) 137
Tabelle 42: Bedeutung CRM 140

1. Einleitung

Durch die Wandlung von Verkäufer- zu Käufermärkten, erhöhten Wettbewerbsdruck sowie Dynamisierung und Globalisierung der Märkte ist eine noch stärkere Ausrichtung der Unternehmen an ihren Kunden erforderlich, um wettbewerbsfähig zu bleiben. Dies bedarf nicht nur eines Umdenkens im Tagesgeschäft der Kundenbearbeitung, wie es derzeit aktuell diskutiert wird, sondern auch einer Weiter- und Neuentwicklung der bereits existierenden Instrumente und Konzepte.

Unterstützt wird diese Welle der Kundenorientierung zusätzlich durch parallele technologische Entwicklungen, wie z. B. Internet, innovative Datenanalyseverfahren etc., die neue Möglichkeiten der differenzierten Kundenbearbeitung erschließen.

Customer Relationship Management (CRM) verfolgt das Ziel, der Kundenbearbeitung zu einer neuen gesteigerten Qualität zu verhelfen. Eine erhöhte Kundenzufriedenheit führt zu einer gesteigerten Kundenbindung, die wiederum den Unternehmenswert positiv beeinflußt. Um dieses Ziel zu erreichen, sind innovative Serviceleistungen für Kunden zu schaffen und die Ressourcen in Marketing, Vertrieb und Kundenservice fokussiert einzusetzen. CRM-Software liefert dazu die technologische Unterstützung, um Aufgaben in Marketing, Vertrieb und Kundenmanagement schneller und besser zu bewältigen. Sie dient somit dazu, Informationen über Kunden effizienter in der Unternehmensorganisation zu verteilen und sie im Rahmen der Bearbeitung der Kundenbeziehungen zielgerichtet zu nutzen.

So ist es nicht verwunderlich, daß Unternehmen aktuell vielfach vor den Entscheidungen stehen, wie die Kundenbearbeitung neu auszurichten ist und welche CRM-Software dabei zur Unterstützung eingesetzt werden sollte. Da CRM ein relativ junges Software-„Genre" darstellt und einen relativ weiten Bogen spannt, sind viele Anbieter am Markt tätig, die eine Vielzahl unterschiedlichster Funktionen anbieten. So gestaltet sich die Softwareauswahl in vielen Fällen als schwierig aufgrund einer mangelnden Markttransparenz. Zudem ist das Thema CRM mit der Auswahl einer geeigneten Software nicht abgehakt, da als Grundvoraussetzung die Optimierung der inhaltlichen Konzeption der Kundenbearbeitung für die erfolgreiche Einführung von CRM-Software schlüssig sein muß. Nur dann gelingt es Unternehmen, maximal von der Softwareeinführung zu profitieren. Deshalb sind im Rahmen der CRM-Einführung auch die derzeitigen Prozesse zu überdenken. Da dies ggf. zu erheblichen organisatorischen Veränderungen führt, ist jeweils für den unternehmensindividuellen Anwendungsfall ein adäquates Change Management begleitend auszugestalten. Damit wird das Ziel verfolgt, die Akzeptanz von CRM im Unternehmen optimal zu fördern und Einführungswiderstände zu überwinden.

Den genannten Zusammenhängen wird in diesem Marktspiegel dadurch Rechnung getragen, daß nicht nur die Softwareperspektive, sondern auch die aufgezeigten unterschiedlichen Facetten einer CRM-Einführung beleuchtet werden. So wird zum einen vorgestellt, welche Anbieter welche Funktionalitäten in ihr Leistungsspektrum aufgenommen haben. Zum anderen wird jeweils im Detail erläutert, welche kritischen Größen und Erfolgsfaktoren bei der Einführung sowohl einzelner Funktionalitäten als auch eines unternehmensweit tragfähigen Konzeptes zu beachten sind.

Da CRM sehr viele verschiedene Themenbereiche berührt und somit ein komplexes Gebiet darstellt, wird in Kapitel 2 zunächst eine Einführung in das Thema CRM gegeben. Insbesondere werden Definition und Hintergrund (Kapitel 2.1), Zielsetzungen (Kapitel 2.2) sowie die organisatorische Einbindung von CRM in die Unternehmensorganisation (Kapitel 2.3) beleuchtet.

In Kapitel 3 folgt ein Gesamtmarktüberblick, der grundlegende, bei der Einführung von CRM zu beachtende Aspekte läutert. Dazu wird das Software-„Genre" CRM im Überblick vorgestellt (Kapitel 3.1). Anschließend werden die weiteren Akteure wie Unternehmensberatungen und Servicepartner vorgestellt, die neben den Softwareanbietern am CRM-Markt aktiv sind (Kapitel 3.2). Zudem werden die grundlegenden Erfolgsfaktoren für eine erfolgreiche CRM-Einführung vorgestellt (Kapitel 3.3). Kapitel 4 stellt das Design der Anbieterbefragung vor.

In Kapitel 5 erfolgt die Darstellung der Auswertungsergebnisse der Anbieterbefragung. Dabei wird nicht nur das Angebot der Funktionalitäten beschrieben, sondern es werden managementorientiert die einzelnen Funktionalitäten erläutert und die spezifischen kritischen Erfolgsfaktoren im Detail untersucht. Die Ergebnisse sind wie die Befragung nach Themenblöcken geordnet.

Das Anbieterverzeichnis liefert die Kontaktadressen zu den 47 untersuchten CRM-Anbietern. Das Glossar stellt weitere wesentliche Begriffe aus dem CRM-Umfeld vor. Abschließend werden umfangreiche Literaturhinweise zur Vertiefung gegeben.

Darauf hinzuweisen ist, daß die Autoren keine Garantie für die Richtigkeit der von den Anbietern gemachten Angaben und deren Auswertung übernehmen.

2. Einführung in das Customer Relationship Management

Customer Relationship Management stellt ein sehr vielschichtiges Thema dar, so daß im folgenden Kapitel 2.1 zunächst Hintergründe gegeben werden und der Begriff CRM definiert wird. Anschließend werden in Kapitel 2.2 die Zielsetzungen von CRM erläutert, bevor in Kapitel 2.3 sowohl eine Abgrenzung als auch eine Darstellung der Schnittstellen zu anderen Funktionsbereichen im Unternehmen erfolgt.

2.1 Hintergrund und Definition Customer Relationship Management

Die Definition von CRM erfolgt in einem ersten Schritt auf rein inhaltlicher Basis, um darauf aufbauend die Funktion und Wirkungsweise von CRM-Software zu erläutern. Diese Trennung ist sinnvoll, um herauszustellen, daß CRM zunächst ein rein marketing- und vertriebspolitisches Thema ist und erst durch die Einführung von Software zur Konzeptunterstützung DV-technologische Aspekte berührt. Somit ist CRM kein reines DV-Technologie-Thema. Vielmehr gilt der Grundsatz „technolgy follows function" und nicht umgekehrt.

Unter dem Begriff Customer Relationship Management sind verschiedene Aufgaben aus Marketing, Vertrieb und Kundenservice vereint. Der Begriff CRM hat sich in Deutschland erst in den letzten zwei Jahren praxisgetrieben etabliert.

Deskriptiv betrachtet fokussiert CRM auf die Aufgabenbereiche des Kundenmanagements mit seinen Teildisziplinen Kundenneugewinnung, -bindung und -rückgewinnung unter Einsatz bekannter und neuer Marketing- und Vertriebsinstrumente. Bedingt durch die enorme Entwicklung im Bereich E-Commerce in der jüngsten Vergangenheit, wird dabei insbesondere den neuen Instrumenten eine exponierte Bedeutung beigemessen, so daß sich nicht zuletzt anbietergetrieben zusätzlich der Begriff eCRM (Electronic Customer Relationship Management) als Sonderform von CRM etabliert. Diese neuen Instrumente sind im wesentlichen entweder web-basierte Umsetzungen bereits bekannter Instrumente, wie z. B. web-basierte Reklamationsbearbeitung, oder Entwicklungen, die erst durch die neuen technischen Gegebenheiten möglich werden, wie z. B. Internet-Kundenforen. Letztendlich sind auch diese neuen Instrumente auf die Unterstützung der Marketing- und Vertriebsaufgaben ausgerichtet, so daß keine grundsätzlichen konzeptionellen Unterschiede feststellbar sind, auch wenn der Einsatz dieser Instrumente unter Umständen Prozeßreorganisationen notwendig macht. Die Unterschiede beruhen somit auf dem Einsatz neuer Technologien als Umsetzungsmedium.

Entscheidungsorientiert kann somit CRM folgendermaßen definiert werden:

Unter Customer Relationship Management (CRM) ist die ganzheitliche Bearbeitung der Beziehung eines Unternehmens zu seinen Kunden zu verstehen. Kommunikations-, Distributions- und Angebotspolitik sind nicht weiterhin losgelöst voneinander zu betrachten, sondern integriert an den Kundenbedürfnissen auszurichten, um auf eine höhere Kundenzufriedenheit hinzuwirken, die einen Gradmesser für die Kundenbindung und damit den Unternehmenswert darstellt.

Ohne auf die konkreten Zielsetzungen einzugehen, was im folgenden Kapitel 1.2 erfolgt, ergeben sich aus dieser Definition einige verschiedene strategische und operative Aufgaben. Zum einen ist die Ausrichtung an den Kundenbedürfnissen in der Geschäftspolitik zu verankern. Dies impliziert, daß das Unternehmen in irgendeiner Form auch eine Differenzierungsstrategie im Hinblick auf eine Qualitätsführerschaft umsetzen will. Für die operative Umsetzung bedeutet dies, daß die einzelnen Instrumente aus Marketing und Vertrieb abzustimmen, zu harmonisieren und integriert einzusetzen sind. Damit sollen die Marktaktivitäten des Unternehmens kanalisiert werden, um zu einer effizienten und effektiven Kundenbearbeitung zu gelangen.

Anzumerken ist, daß in der Literatur nicht zuletzt aufgrund der Aspekte, daß anhaltende Weiterentwicklungen zu verzeichnen sind und CRM einen relativ jungen Begriff darstellt, vielfältige synonym verwendete Begriffe anzutreffen sind. Diese beschreiben teilweise wiederum auch nur Teildisziplinen von CRM. Der Oberbegriff CRM faßt dabei diese Begriffe wie Sales Force Automation (SFA), Computer Aided Selling (CAS), Customer Service System (CSS), Technology Enabled Relationship Marketing (TERM), Technology Enabled Selling (TES) etc. zusammen.

Die Ansprüche der sich in der Kundenbearbeitung niederschlagenden verstärkten Kundenorientierung könnten grundsätzlich losgelöst von jedem DV-Bezug in die Praxis umgesetzt werden. Dazu bieten CRM-Systeme unterschiedliche Teilfunktionalitäten, von Kundendatenbanken, über Workflow-Funktionalitäten zur automatisierten Verteilung von Informationen bis hin zu Data Mining-Werkzeugen zur Generierung neuer Zusammenhänge aus den Kundendaten. CRM-Software bietet dabei allerdings die Hilfestellung, die konzeptionellen Anforderungen und sich daraus ergebenden Aufgaben zu unterstützen, um letztendlich die Prozeß- und Bearbeitungsqualität im Kundenmanagement zu erhöhen. Sie ist somit als Technology Enabler zu verstehen. Ihr Anspruch besteht formal somit darin, dank verbesserter Technologie die Durchführung von Marketing- und Vertriebsaufgaben zu vereinfachen, zu beschleunigen und zu verbessern. Welche konkreten Instrumente und Techniken dazu eingesetzt werden, wird in Kapitel 5 im Rahmen der Anbieteranalyse im Detail erläutert. Hier findet sich auch eine detaillierte Systematisierung der am Markt gängigen CRM-Softwarekomponenten.

Vorläufer von CRM-Software ist die als Computer Aided Selling (CAS)-bezeichnete Software, die im nennenswerten Umfang bereits seit Anfang der 90er Jahre in Unternehmen eingesetzt wird. CAS-Software beschränkte sich zumeist auf Funktionalitäten der Vertriebsunterstützung, dort insbesondere auf die Gestaltung mobiler Verkaufshilfen für die Vertriebsmitarbeiter. Dies reichte in rudimentärer Form von einfachen elektronischen Preislisten bis hin - mit dem Aufkommen der Multimedia-Technologie verbunden – zu

3D-animierten elektronischen Verkaufskatalogen. CRM stellt hingegen einen umfassenderen Ansatz dar, so daß CAS in der damaligen Form heutzutage lediglich einen Teilbereich von CRM darstellt.

Zu berücksichtigen ist zudem, daß CRM auch unabhängig vom Vorläufer CAS kein gänzlich neues Thema darstellt. Konzeptionell stellten sich auch in der Vergangenheit ähnliche Fragestellungen, die allerdings durch CRM unter einem Dach integriert werden. Auf der Softwareseite zeigt sich zudem, daß viele der angebotenen Instrumente, wie z. B. Kundendatenbanken oder Kundenerfolgsrechnungen, in Unternehmen bereits eingesetzt werden und sich bewährt haben, ohne sie unter dem Begriff CRM zusammenzufassen. Um den Einführungsaufwand sowie Umstellungen bei Prozessen und Mitarbeitern gering zu halten und maximalen Nutzen aus CRM zu ziehen, ist somit bei der Einführung von CRM-Software auf bereits eingesetzte Instrumente aufzusetzen, sind diese ggf. weiterzuentwickeln und neue Instrumente in die bestehende Prozeßlandschaft einzubetten.

An ganzheitliche CRM-Software-Lösungen ist somit der Anspruch zu stellen, verschiedene bestehende Software-Systeme in Marketing und Vertrieb zu integrieren, um den häufig in Unternehmen zu beobachtenden Wildwuchs an Systemen zu begegnen. Dies zielt nicht zuletzt auf die Schaffung einer einheitlichen Datenbasis ab. Dabei sind nicht nur Insellösungen in Marketing und Vertrieb zu vermeiden, sondern ist ebenso eine Integration mit den Software-Systemen in anderen Funktionsbereichen des Unternehmens, wie z. B. PPS, SCM oder Kostenrechnung, anzustreben.

2.2 Zielsetzung von CRM

In Kapitel 2.1 zur Definition des Begriffs CRM klangen die mit CRM verfolgten zentralen Zielsetzungen bereits an. Im folgenden werden diese formalen Zielgrößen mit den entsprechenden Sachzielrichtungen verknüpft, um damit die verschiedenen Zielsetzungen für den operativen unternehmenspraktischen Einsatz griffig auszugestalten.

Zentrale Zielgröße des CRM-Erfolges ist die Kundenzufriedenheit, die einen Indikator für Kundenbindung und somit letztendlich für den langfristigen Unternehmenswert darstellt. Diese Zielgröße wird zunächst anhand der drei Aufgabenstellungen der Kundenbindung, -neugewinnung, und –rückgewinnung veranschaulicht, bevor auf die damit verbundenen Detailauslegungen eingegangen wird.

Kunden weisen eine höhere Bindung an ein Unternehmen auf, solange ihre Kundenzufriedenheit hoch ist. Eine hohe Kundenzufriedenheit ist somit Garant für die Umsatzsicherung und -erhöhung. In hart umkämpften Märkten, die von einem hohen Verdrängungswettbewerb gekennzeichnet sind, kann unter Umständen schon die Umsatzsicherung als CRM-Erfolg bezeichnet werden. Das verdeutlicht die Problematik, den Einführungserfolg von CRM an Umsatzsteigerungen fest zu machen. Beim einzelnen Kunden wird darauf abgezielt, zusätzliche Umsätze durch Cross- und/oder Up-Selling zu realisieren. Cross-Selling bedeutet, daß einem Kunden zusätzliche, bisher noch nicht von ihm nachgefragte Leistungen des Unternehmens verkauft werden (Klassisches Beispiel für ein Cross-Selling-Potential: Eine Krawatte wird zusätzlich zu einem Hemd angeboten). Up-Selling heißt, daß dem Kunden höherpreisige Leistungen, die in der Regel eine höhere Deckungsspanne aufweisen, verkauft werden (Klassisches Beispiel für ein Up-Selling-Potential: Ein Kunde kauft nicht mehr einen Kleinwagen, sondern einen Mittelklassewagen). Zufriedene Kunden sind zudem ein sehr wirksames Werbeinstrument, da durch Mund-zu-Mund-Propaganda unter den Kunden selbst zusätzliche Umsätze durch Neukunden oder der Nutzung von Cross-/Up-Selling-Potentialen generiert werden. Insbesondere weist die erfolgreiche Kundenbindung eine hohe Bedeutung auf, da bei gebundenen Kunden die Kundendeckungsbeiträge besonders hoch sind. Denn das Kaufvolumen steigt tendenziell mit zunehmender Dauer der Kundenbeziehung, und die Akquisitionskosten sinken.

Zur Gewinnung neuer Kunden sind die Akquisitionskosten höher, so daß bei am Anfang stehenden Kundenbeziehungen die Kundenprofitabilität tendenziell geringer ist. Zudem sind Kosten aus Streuverlusten zu berücksichtigen, wenn eine Geschäftsanbahnung letztendlich doch nicht zum Abschluß kommt. Auch wenn mit den Kunden noch keine Beziehung eingegangen worden ist, kann die Kundenzufriedenheit als Ziel- und Meßgröße in der Form der antizipativen Kundenzufriedenheit eingesetzt werden. Hier sind jedoch deutlich höhere Research-Aufwendungen notwendig, da entweder Befragungen hinsichtlich der Wünsche von Neukunden durchzuführen sind oder Analogien aus ähnlichen Profilen bereits gewonnener Kunden zu ziehen sind.

Der Kundenrückgewinnung ist eine zunehmende Bedeutung beizumessen, da die Ausstrahlungseffekte durch negative Mund-zu-Mund-Propaganda in der Regel noch stärker sind als bei positiver. Diese Effekte verstärken sich noch durch das Medium Internet, z. B. durch unabhängige Verbraucherforen.

Letztendlich wird in allen drei genannten Teilbereichen darauf abgezielt, dem Customer Relationship Management eines Unternehmens zu einer neuen, gesteigerten Qualität der Kundenbearbeitung in Marketing und Vertrieb zu verhelfen. Dazu sollen CRM-Systeme die Informationsverteilung und -verarbeitung im Kundenmanagement verbessern. Dabei sind zwei Stoßrichtungen zu unterscheiden: Effizienzsteigerungen („die Dinge richtig tun") und Effektivitätssteigerungen („die richtigen Dinge tun"). Zum einen soll eine höhere Effizienz in den entsprechenden Prozessen erzielt werden, zum anderen soll die Effektivität der Kundenbearbeitung verbessert werden. Das bedeutet mehr Informationen über Kunden gezielter zu verarbeiten und diese effizienter an die Aufgabenträger der Kundenbearbeitung zu verteilen.

Die Effizienzsteigerungen setzen an der Kostenseite, also an der Wirtschaftlichkeit der Kundenbearbeitung an. Ihr Ziel ist es, die Vertriebskostensituation im Verhältnis zu den erzielten Umsätzen zu verbessern. Das heißt, durch gezieltere Informationsverteilung mehr Kunden mit der zur Verfügung stehenden Kapazität zu bearbeiten bzw. den bestehenden Kundenstamm in kürzerer Zeit zu bearbeiten. Wesentliche Kernbereiche sind hierbei die Vereinfachung der „täglichen" administrativen Arbeit (Prozeßoptimierung), die schnellere und umfangreichere Auswertung von Kundendaten sowie die systematische Datenintegration und Verteilung durch Workflows.

Grundsätzlich ist eine höhere Effizienz in der Kundenbearbeitung wünschenswert, eine Garantie für Mehrumsätze gibt sie aber nicht, da dadurch die inhaltliche Qualität der Kundenbearbeitung noch nicht verbessert ist. Es kann sogar kontraproduktiv wirken, wenn die Zielfunktion der Vertriebsmitarbeiter auf die Anzahl der abgearbeiteten Kundenkontakte ausgelegt wird, so daß die Quantität vor die Qualität der Bearbeitung in Form von Abschlüssen tritt. Deshalb muß im zweiten Schritt die Qualität der Kundenbearbeitung erhöht werden, z. B. durch eine konsequente Ausrichtung an kundenorientierten Zielen wie eben die Kundenzufriedenheit oder durch gezielte Informationsversorgung der Vertriebsmitarbeiter.

Dazu wird derzeit durch CRM-Systeme die Verbesserung der Informationsprozesse unter Anwendung von Workflow- und Groupwaretechnologie sowie verteilter Kundendatenbanken angegangen. Ziel ist es, Daten nach Möglichkeit automatisiert zwischen den Vertriebsmitarbeitern zirkulieren zu lassen. Dabei steht zur Zeit im Vordergrund, wie Daten effizient weitergeleitet werden und weniger welche Daten gezielt zu verteilen sind. Quantität geht meist bisher noch vor Qualität, so daß Kundendatenbanken häufig lediglich als undifferenzierte Sammelbecken herhalten müssen. Unsere Beratungserfahrungen zeigen, daß der Wert einer Kundendatenbank, auf der viele weitere CRM-Instrumente aufbauen, zur Effektivitätssteigerung von den drei folgenden Anforderungen abhängt:

- Konzentration auf wichtige Informationen und Aussieben der nicht-relevanten Daten,
- Erfassung der Informationen auf Basis vordefinierter Ziele,
- Aktualität der Daten.

Werden die entscheidenden Kundendaten nicht herausgefiltert, resultiert daraus eine Informationsflut, die der Vertriebsmitarbeiter nicht mehr effizient verarbeiten kann. Die Effektivität geht gegen Null, da das System die Akzeptanz verliert und die Informationen keine Anwendung mehr finden. Zudem ist der effektive Nutzen für die Kundenbearbeitung gering, wenn alle Informationen gleich gewichtet sind und keine Priorisierung auf die besonders kaufentscheidenden Informationen erfolgt. Deshalb sollte die Erfassung der Informationen auf Basis vordefinierter Ziele, wie z. B. die Kaufverhaltensrelevanz der Information oder die Bedeutung für die Kundenzufriedenheit, erfolgen. Hier besteht noch Entwicklungsbedarf, da aufgrund der einfacheren Erfassung bisher hauptsächlich harte Faktoren, insbesondere demographische Merkmale oder Umsatzdaten der Vergangenheit, abgebildet werden. Diese erklären Kaufverhalten und Kundenzufriedenheit nicht vollständig. Letztendlich ist in immer dynamischeren Märkten die Aktualität der Informationen, in denen diese sich nahezu stündlich ändern können, von Bedeutung. Wenig priorisierende Systeme neigen dazu, dafür zu langsam zu sein, da zu viele Informationen zu verwalten sind und außerdem aufgrund der mangelnden Verhaltensrelevanz der Informationen ein extremer, überflüssiger Aktualisierungsbedarf entsteht.

An dem Fokus der Erzielung von Mehrumsätzen setzen weitere vielfältige Konzepte zur Effektivitätssteigerung an. Diese sollen über eine differenzierte Betrachtung und Behandlung der Kundenbedürfnisse zu einer gesteigerten Kundenzufriedenheit und damit zu Mehrumsätzen führen.

Dabei ist zu berücksichtigen, daß die mit der Steigerung der Kundenzufriedenheit verursachten Kosten in einem wirtschaftlichen Verhältnis zu den Benefits stehen müssen, die das Unternehmen aus der Kundenbeziehung erwartet. Diese Benefits müssen nicht nur monetärer Art sein. So kann der Imagegewinn, der aus einer hohen Kundenzufriedenheit eines Kunden mit Meinungsführer- oder Multiplikatoreigenschaften resultiert, sogar einen negativen Deckungsbeitrag rechtfertigen. Eine entsprechende Optimierung ist erforderlich. In der rein monetären Perspektive ist zu berücksichtigen, daß hier nicht die aktuellen Kundendeckungsbeiträge, sondern der jeweilige Barwert der langfristig erzielbaren Deckungsbeiträge für die Optimierung der Intensität der Kundenbearbeitung entscheidend ist.

Als wesentliche Kernbereiche für Effektivitätssteigerungen in der Kundenbearbeitung durch CRM sind die Einführung innovativer wertschöpfender Instrumente und Prozesse, die priorisierte Kundenbearbeitung sowie die zielorientierte Erfassung und Auswertung von Kundendaten zu nennen.

Zudem sind die beiden Aspekte, Effizienz- und Effektivitätssteigerungen, nicht vollständig getrennt voneinander zu betrachten, da sich die Erhöhung der Effektivität im Kundenmanagement in zusätzlichen Prozeßverbesserungen niederschlagen kann. So können Kundenpotentialanalysen dazu eingesetzt werden, zum einen Angebote zielgerichteter gemäß des jeweiligen Kundenpotentials zu gestalten, zum anderen den jeweils effizientesten Bearbeitungsprozeß auszuwählen.

Zu beachten ist als Nebenbedingung für die dargestellten Zielrichtungen, daß die einzelnen CRM-Instrumente von den jeweiligen Nutzern im Unternehmen akzeptiert werden, damit sie sie auch tatsächlich adäquat einsetzen. Wesentliche Kernbereiche sind hier im Vorfeld und im Rahmen der Einführung von CRM-Software die interaktive Information und Kommunikation mit den Beteiligten sowie das Angebot entsprechender Schulungs- und Coachingmaßnahmen.

Grundlegend ist es damit letztendlich sowohl für Effizienz- als auch Effektivitätssteigerungen durch CRM, die Kundenbearbeitung intensiv an der Erfüllung der Kundenbedürfnisse – und damit an Kundenzufriedenheit und Kundenbindung – sowie an der Bedeutung des Kunden für das Unternehmen auszurichten. Dazu bedarf es einer differenzierten Kundenbearbeitung, um die hier liegenden Potentiale voll auszuschöpfen. In der Vollendung führt dies zu einer atomaren Betrachtung des Kunden, um darauf eine One-to-One-Kundenbearbeitung aufzusetzen. Obwohl Technologien, wie z. B. das Internet, diese Bestrebungen unterstützen, ist es in vielen Fällen aus wirtschaftlichen Gründen sinnvoll, die Kunden in Segmente zu unterteilen, die in sich möglichst homogen, aber untereinander möglichst heterogen sind. Dieser Kompromiß ist, auch aus organisatorischen Gründen, in vielen Fällen notwendig und effizient, um die Strategiefindung im Kundenmanagement zu erleichtern und eine wirtschaftliche Steuerung zu gewährleisten.

Die Basis für eine differenzierte Bearbeitung der Kunden und für alle darauf aufsetzenden Instrumente liefern Analysen, welche die Zufriedenheitssituation der Kunden aufnehmen. Damit ist herauszuarbeiten, mit welchen CRM-Instrumenten die Kundenzufriedenheit besonders gesteigert werden kann. Dazu ist jeweils die Bedeutung eines Instruments für den Kunden und die Ist-Performance des Unternehmens, also die Zufriedenheit der Kunden mit dem eingesetzten Instrument, zu bestimmen. Diesen Zusammenhang verdeutlicht die folgende Abbildung. Anzumerken ist, daß meß- und befragungstechnisch jeweils nach einem Bedürfnis zu fragen ist, wie z. B. Produktinformation, das dann auf das entsprechende Instrument, z. B. elektronischer Produktkatalog, zu projizieren ist.

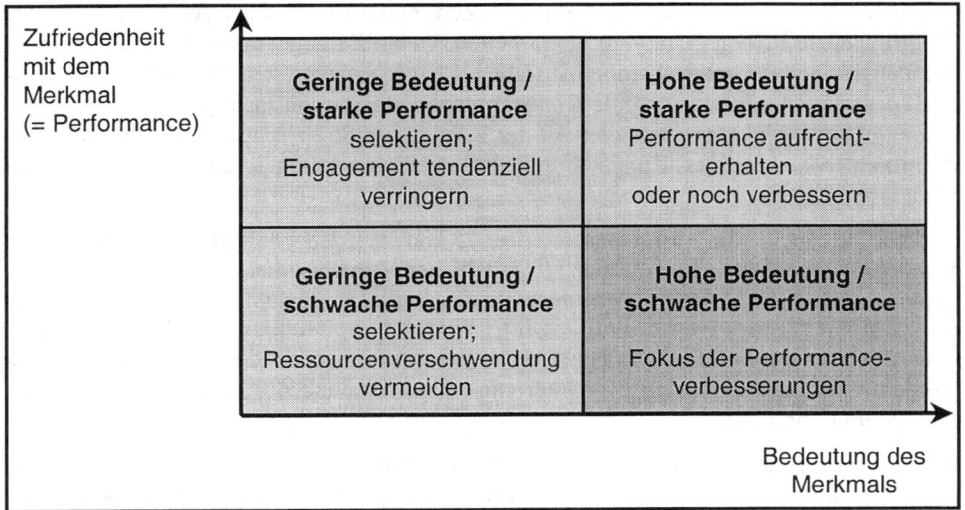

Abbildung 1: Kundenzufriedenheitsportfolio

Im Quadranten oben links sind nach Auswertung der Bedeutung und der Kundenzufriedenheit diejenigen Instrumente abgebildet, in denen das Unternehmen zwar eine gute Leistung liefert, die aber für den Kunden eine relativ geringe Bedeutung für ihre Kundenzufriedenheit und damit auch Kaufentscheidung aufweisen. Hier ist tendenziell zu selektieren, um Ressourcenverschwendung zu vermeiden. Es ist abzuwägen, ob die für das Instrument eingesetzten Ressourcen lieber in andere Instrumente investiert werden.

Im Quadranten unten links befinden sich für den Kunden tendenziell unwichtige Instrumente, in denen das Unternehmen zudem eine schwache Performance aufweist. Diese Instrumente sind abzulösen, nicht nur um Ressourcenverschwendung, sondern auch Imageschäden aus Ausstrahlungseffekten aufgrund einer schwachen Performance in einem eigentlich tendenziell unwichtigen Instrument zu vermeiden.

Im Quadranten oben rechts ist sozusagen der „grüne Bereich". Das Unternehmen weist eine hohe Performance in für die Kunden wichtigen Instrumenten auf. Hier zu überlegen, ob die Performance noch weiter verbessert werden kann. Ebenso sind ggf. Überlegungen anzustellen, wie die Performance aufrecht erhalten bzw. weiter differenziert werden kann, wenn die Konkurrenz entsprechend nachzieht.

Der Quadrant unten rechts symbolisiert sozusagen den „roten Bereich". Das Unternehmen weist in für die Kunden bedeutenden Instrumenten eine schwache Performance auf.

Hier ist der Hauptansatzpunkt zu Verbesserungen der Kundenzufriedenheit zu sehen, indem diese Instrumente besonders forciert werden.

Um den skizzierten Ansprüchen einer differenzierten Kundenbearbeitung gerecht zu werden, ist diese Auswertung kundengruppenspezifisch durchzuführen, da häufig unterschiedliche Kundengruppen auch unterschiedliche Einschätzungen abgeben. Daraus ergeben sich zwei wesentliche Ansatzpunkte. Zum einen ist auf der Informationsseite die Zielgruppenzusammensetzung zu überarbeiten, wenn die Ergebnisse im Detail in einer Kundengruppe sehr unterschiedlich ausfallen. Ebenso ergeben sich Ansatzpunkte für Exklusivinstrumente für ausgewählte Kundengruppen, die diesem Instrument eine hohe Bedeutung beimessen. Das vermeidet auf der Kostenseite Streuverluste und führt aufgrund der Exklusivstellung der Kundengruppe bei dieser zu zusätzlichen Steigerungen der Kundenzufriedenheit.

Zudem können die Ergebnisse der Kundenzufriedenheitsanalyse in einem Kundenzufriedenheitsindex nach unterschiedlichen Dimensionen, wie z. B. Vertriebsgebiet, -mitarbeiter, Produkt, Instrumentengruppe etc., verdichtet werden. Dieser dient als effizientes, objektives Controllinginstrument für die Kundenzufriedenheit. Zudem kann die Entwicklung dieses Indexwertes in die Anreizsysteme des Vertriebs eingebaut werden, was zu einer noch stärker an den Kundenbedürfnissen ausgerichteten Personalführung führt.

Anzumerken ist, daß als Datengrundlage zur Messung der Kundenzufriedenheit harte Indikatoren, wie z. B. Lieferzeiten, und weiche Faktoren aus Befragungsergebnissen dienen können. Bei Einsatz multivariater Verfahren kann die Kausalanalyse sodann die Ergebnisse zu Zufriedenheitswerten verdichten und in Verbindung mit der Clusteranalyse nach Kundengruppen auswerten.

2.3 Einbindung von CRM in die Unternehmensorganisation

Wie bereits angedeutet, ist die CRM-Software in die Systemlandschaft des Gesamtunternehmens einzubetten, damit nicht eine Insellösung entsteht. Es ist also nicht nur eine Intra-Integration der einzelnen CRM-Instrumente innerhalb der CRM-Software anzustreben, sondern auch eine Inter-Integration zu den ansonsten im Unternehmen eingesetzten Software-Systemen. Insbesondere ist dies entscheidend, wenn andere Software-Komponenten im Unternehmen Daten aus dem CRM-System benötigen oder umgekehrt, falls Instrumente des CRM-Systems Daten aus einem anderen Software-System des Unternehmens benötigen.

Klassisches Beispiel für den erstgenannten Fall ist die Verbindung von CRM-System mit dem SCM- sowie dem PPS-System des Unternehmens, die auf eine kundenorientierte, termingerechte Fertigung abzielt. Die kundenzufriedenheitsstiftende Wirkung besteht darin, daß den Kunden frühere Liefertermine genannt und diese auch eingehalten werden können. Das bedeutet, daß die Absatzprognosen des Vertriebs unmittelbar beispielsweise in die Quartalsplanung der Fertigung eingehen sollten. Um diesen Datenaustausch effizient zu gestalten, sind entsprechende Schnittstellen und Prozesse für Abstimmungsroutinen bereitzustellen.

Ebenso kann ein effektiver und effizienter Einsatz von CRM-Instrumenten, wie z. B. Auswertungen hinsichtlich der Kundenprofitabilität, davon abhängen, inwieweit Daten aus anderen Systemen, wie in diesem Beispiel der Kostenrechnung, importiert werden können.

Anzumerken ist zudem, daß CRM eine enge Affinität zum Führungskonzept der Balanced Scorecard aufweist. Da CRM den Anspruch erhebt, eine kundenorientierte Marktbearbeitung zu realisieren, und Daten zur Kontrolle der Erfüllung dieses Anspruchs im Rahmen eines CRM-Controllings erhoben werden sollten, eignet sich CRM oftmals zur Befüllung der Markt- und Kundenperspektive der Balanced Scorecard mit entsprechenden Kennzahlen.

Zudem ist CRM im Rahmen der E-Commerce-Konzeption von Unternehmen zu berücksichtigen, da mit der Einführung von E-Commerce häufig neue Schnittstellen zum Kunden geschaffen werden, die ebenfalls mit adäquaten CRM-Instrumenten zu unterlegen sind.

Die Schaffung von Schnittstellen und Informationsaustauschroutinen vermeidet Doppelarbeiten und führt zudem zu einer höheren Qualität des Datenbestandes, da eine einheitliche Datenbasis geschaffen wird und Redundanzen sowie potentiell daraus resultierende Inkonsistenzen vermieden werden. Diese Integrationsfragen deuten die vielfältigen Aufgabenstellungen an, die sich aus der ganzheitlichen Einführung von CRM ergeben. Das führt dazu, daß die Einführung von CRM häufig die Installation neuer bzw. die Reorganisation bestehender unternehmensinterner und unternehmensübergreifender Prozesse beinhaltet.

3. Gesamtmarktüberblick

Im folgenden wird zunächst allgemein der Entwicklungsstand von CRM-Software erläutert und auf Erfahrungen im Rahmen von deren Einführung eingegangen (Kapitel 3.1). Anschließend wird erläutert, welche Akteure sich im CRM-Umfeld neben den reinen Softwareanbietern am Markt positionieren und welche Leistungen diese bieten (Kapitel 3.2). Um aus diesem Marktüberblick maximalen Nutzen zu ziehen, erfolgt anschließend eine Erläuterung der kritischen bzw. entscheidenden Erfolgsfaktoren im Rahmen der Einführung von CRM. Dabei wird u. a. ein optimiertes Einführungskonzept vorgestellt. Die Erkenntnisse werden abrundend und anwendungsorientiert in Checklisten für den praktischen Einsatz zusammengefaßt (Kapitel 3.3).

3.1 CRM-Software

CRM-Software ist ein relativ junges Software-„Genre". Allerdings ist zu berücksichtigen, daß Teile von CRM, wie z. B. Tourenplanung oder mobile Verkaufshilfen, schon vor der Einführung des Begriffs CRM am Markt erhältlich waren.

Da, wie in Kapitel 2 erläutert, der Begriff CRM ein weites Feld abdeckt, ist das Verständnis und dementsprechend die Ausgestaltung von CRM-Software sehr verschieden. Deshalb erweist sich eine trennscharfe Marktabgrenzung als schwierig, nicht zuletzt auch weil viele Anbieter weiterhin anstreben, ihre Software um zusätzliche Instrumente zu ergänzen.

Unterscheiden lassen sich Anbieter, die den Anspruch erheben, ein vollständiges CRM-Instrumentarium anzubieten, und Anbieter, die sich auf Teilfunktionalitäten spezialisiert haben, wie z. B. Anbieter aus dem Bereich Computer Telephony Integration (CTI). Zudem werden in CRM-Softwaresystemen teilweise Komponenten anderer Softwaresysteme, deren Ursprung nicht im CRM-Umfeld liegt, zur Bewältigung von CRM-Aufgaben genutzt, wie z. B. SAS und SPSS zur Unterstützung von Data-Mining-Funktionalitäten.

Aus den oben dargestellten Zusammenhängen stellen sich die in CRM-Software realisierten Instrumente notwendigerweise ebenso vielfältig dar wie die Realität, die sie unterstützen sollen, nämlich das Kundenmanagement mit seiner Vielzahl unterschiedlichster Kundenbeziehungen und daraus erwachsender Aufgabenbereiche. So verwundert es nicht, daß Nischenanbieter unterschiedlichste Spezialfunktionen am Markt anbieten. Der Markt für CRM-Software stellt sich also als sehr heterogen und atomisiert dar.

Dies äußert sich zudem darin, daß außer den bereits erwähnten Nischenanbietern eine Vielzahl an Klein- und Kleinstanbietern am Markt zu verzeichnen sind. Als Großunternehmen, das international als Schrittmacher im CRM-Markt gilt, ist im wesentlichen Siebel zu nennen.

Für einzelne Funktionalitäten haben sich allerdings bisher kaum Marktstandards herausgebildet. Zudem sind viele der angepriesenen Funktionalitäten in den tatsächlichen Release-Ständen der Anbieter noch nicht oder nur rudimentär umgesetzt. Dies führt teilweise dazu, daß der Anspruch dem tatsächlichen Ist vorauseilt. So ist es derzeit noch durchaus nicht unwahrscheinlich, daß ein Kunde zum prototypischen Referenzkunden für die Vollversion eines Anbieters wird.

Auch bieten die etablierten Anbieter von Software für den betriebswirtschaftlichen Einsatz im Unternehmen teilweise noch keine vollständigen Produkte an.

Dem Anspruch der ganzheitlichen Pflege der Kundenbeziehungen werden die bisher am Markt erhältlichen Systeme nur teilweise gerecht. Dies liegt zum Teil auch daran, daß bei einigen Kunden das Thema nicht in einem adäquaten Maß strategisch-konzeptionell angegangen wird. Das führt dazu, daß, gemessen an den potentiellen Hebeln zur Erfolgsverbesserung durch CRM, das Thema eine zu geringe Management Attention erfährt. Letztendlich entsprechen aus den genannten Gründen teilweise die Erwartungen an CRM nicht den Ergebnissen, obwohl sie durchaus erzielbar wären.

Hier besteht somit noch technischer, aber vor allem auch konzeptioneller Bedarf. Dieser konzeptionelle Bedarf bezieht sich neben der Neugestaltung bzw. verbesserten inhaltlichen Ausgestaltung von Instrumenten, wie z. B. Instrumente, die auf Data Mining-Verfahren basieren, auf die benutzerfreundliche Darbietungsform. Das bedeutet, daß der Nutzer durch entsprechende Oberflächengestaltung und intuitiv einsichtige Bedienungsformen auch inhaltlich komplexe Instrumente ohne tiefgehende Detailkenntnisse effizient und effektiv einsetzen kann.

Allgemein setzen die bisher in CRM-Software umgesetzten Instrumente im wesentlichen an der Erhöhung der Prozeßeffizienz an, weniger an der Verbesserung der Effektivität von Vertrieb und Marketing. Im Vordergrund steht also bisher bei den am Markt erhältlichen Systemen die Optimierung der Informationsverteilung, weniger die Steuerung der Kundenbeziehung auf Basis von Kundeninformationen.

Dieser bisherige Fokus mag historisch begründet sein, da sich die Konzepte des Business Process Reengineering einfacher auf die Kundenbearbeitung übertragen lassen, als völlig neue Instrumente zur Verbesserung der Effektivität zu entwickeln. Zudem führt dies häufig schneller zu meßbaren, unmittelbar ergebniswirksamen Erfolgen in Form von Kosteneinsparungen, während die Verbesserung der Umsatzlage langfristiger angelegt ist. Das führt zu dem Paradoxon, daß der Erfolg von CRM-Systemen bisher in schlechter organisierten Vertriebseinheiten deutlicher wird als in besser organisierten, da dort der Innovationscharakter geringer bewertet wird. Ein Trugschluß wäre es, daraufhin auf CRM-Systeme zu verzichten. Vielmehr sind CRM-Systeme weiterzuentwickeln, um auch die Kundenbearbeitung inhaltlich zu optimieren.

Dabei sind drei Funktionalitätsgruppen zu unterscheiden, die im dieser Marktstudie zugrunde liegenden Fragebogen noch in Sub-Kategorien untergliedert werden. Anzumerken ist, daß die Begriffe Funktionalität und Instrument als Quasi-Synonyme zu verstehen sind, wobei der Begriff Instrument die Umsetzung einer Funktionalität in einer konkreten Ausgestaltungsform für die Praxis kennzeichnet.

Die Funktionalitäten zur Prozeßoptimierung haben als Ziel die effizientere Gestaltung der Kundenbearbeitungsprozesse, wie z. B. die optimierte, automatisierte Weiterleitung von Kundeninformationen. Im wesentlichen sollen also unternehmensinterne Prozesse schneller und besser abgewickelt werden. Das läuft letztendlich darauf hinaus, mehr Kundenkontakte in der zur Verfügung stehenden Zeit zu bearbeiten. Hinter dieser Idee steht das Trichtermodell des Vertriebs. Das geht von der Annahme aus, daß eine höhere Anzahl abgearbeiteter Kundentermine auch zu einer höheren Anzahl an Vertragsabschlüssen führt.

Die Funktionalitäten zur Datenanalyse ermitteln die entscheidenden Faktoren zur erfolgreichen Kundenbearbeitung. So werden sie z. B. dazu genutzt, die Marktsegmentierung, die Grundlage für eine differenzierte Kundenbearbeitung zu optimieren. Dabei werten sie Kundenbeziehungen hinsichtlich Kriterien, wie z. B. den Erfolg für das Unternehmen, aus. Zudem sollen diese Funktionalitäten neue Erkenntnisse aus den Daten der Kundenbeziehungen gewinnen.

Sie liefern somit Informationen für strategische Entscheidungen im Rahmen der Kundenbearbeitung. Diese Funktionalitäten zielen also darauf ab, die Steuerung und damit die Effektivität der Kundenbearbeitung durch eine gezielte Informationsverarbeitung zu verbessern. Sie konzentrieren sich letztendlich also auf eine Steigerung der inhaltlichen Qualität der Kundenbeziehung, die zu einer Erhöhung der Kundenzufriedenheit und damit höheren Umsätzen führen soll. Die Erfolgspotentiale der Funktionalitäten der zweiten Gruppe sind in der Regel weitaus höher. Allerdings läßt sich bei diesen ein monetärer Erfolg in Form höherer bzw. gesicherter Umsätze erst im Zeitverlauf messen.

Für die Umsetzung der Funktionalitäten der Datenanalyse werden derzeit Verfahren des Data Mining, der Business Intelligence und des Knowledge Management aktuell diskutiert. Data Mining ist dabei der Sammelbegriff für ausgewählte Verfahren der Datenanalyse, die auf den Datenbeständen eines Data Warehouses aufsetzen und darauf abzielen, in einem mehrdimensionalen Datenbestand bisher unbekannte Zusammenhänge aufzudecken oder etwaige Annahmen zu bestätigen. Die effiziente Anwendung des Data Mining wird technologisch durch die OLAP(Online Analytical Processing)-Funktionalität unterstützt. Diese bietet mehreren Nutzern gleichzeitig die Möglichkeit, Daten online mehrdimensional auszuwerten. Eng verwandt ist der Begriff des Data Mining mit den aktuell diskutierten Begriffen Business Intelligence und Data Knowledge Management, die sich im Kern auf das gleiche Ziel konzentrieren. Sie erheben jedoch den Anspruch, über das Data Warehouse hinausgehende Daten in die Analyse zu integrieren.

Auffällig ist, daß Simulationsverfahren, wie z. B. die Monte-Carlo-Simulation, und Verfahren aus dem naheliegenden Bereich der Marktforschung, wie z. B. multivariate Analyseverfahren (Kausal-, Cluster- oder Faktorenanalyse), bisher relativ wenig Beachtung finden. Zudem ist das weite Feld maschineller Lernverfahren für den Einsatz im Bereich CRM bisher erst rudimentär erschlossen.

Die bisher eingesetzten Verfahren konzentrieren sich im wesentlichen auf die Analyse monetärer Zielgrößen wie Umsätze und Kosten, weniger auf die auch für den Unternehmenserfolg bedeutenden Größen wie die Kundenzufriedenheit und -bindung. Zudem sollen mit Kaufwahrscheinlichkeitsmodellen Cross- und Up-Selling-Potentiale aufgedeckt werden. Es werden also insbesondere Ergebnisgrößen der Marktbearbeitung betrachtet, die als vergangenheitsorientierte Größen keine Garantie für zukünftige Erfolge darstellen.

Die dritte Gruppe an Funktionalitäten unterstützt im Kundenmanagement die Anwendung neuer Instrumente oder die Verbesserung bewährter Instrumente. Hier werden bisher insbesondere neuartige Kundenbearbeitungsinstrumente unterstützt, wie z. B. das Call-Center-Management, Instrumente mit einer hohen Affinität zur DV, wie z. B. E-Commerce-Funktionalitäten, und bewährte Marketing-Instrumente, wie z. B. Kampagnenmanagementfunktionalitäten, bei denen ein verbesserter DV-Einsatz zu einem höheren Anwendungskomfort führt. Aufgrund der Neuigkeit und der Greifbarkeit lassen sich mit Hilfe dieser Instrumente relativ schnell Verbesserungen dokumentieren.

Im wesentlichen sind CRM-Systeme bisher in Großunternehmen eingeführt worden. Zweifelsohne bieten sie auch Erfolgspotentiale für kleine und mittelständische Unternehmen. Im letztgenannten Unternehmen ist insbesondere jeweils abzuwägen, ob der zu erwartende Nutzen aus einem Instrument nicht nur die entstehenden Kosten rechtfertigt, sondern auch entsprechende qualitative und quantitative Mitarbeiterressourcen für den effizienten und effektiven Einsatz zur Verfügung stehen. Deshalb sind hier detaillierte Kosten- und Nutzenanalyse durchzuführen, die auch die zur Verfügung stehenden Mitarbeiterkapazitäten berücksichtigen.

Zu berücksichtigen ist, daß CRM-Funktionalitäten, ohne daß sie unter dem Begriff CRM zusammengefaßt sind, wie z. B. Kundendatenbanken, bereits seit Jahren in Unternehmen eingesetzt werden. Bei der Einführung neuer CRM-Komponenten ist zu berücksichtigen, daß die bereits existierenden Instrumente so weitestgehend wie möglich integriert werden. Dies führt neben der Einsparung von Entwicklungs- und Einführungskosten zu einer gesteigerten Akzeptanz des Systems bei den späteren Nutzern. Denn ansonsten fallen nicht nur zusätzliche Einarbeitungszeiten und -kosten an, sondern stößt das CRM-System eventuell sogar auf Ablehnung, wenn ein bewährtes Instrument durch ein neues Instrument ohne nennenswerte Verbesserungen ersetzt wird.

Insgesamt ist zu vermerken, daß die Entwicklung von CRM-Systemen noch am Anfang steht. Die Möglichkeiten und das Marktpotential sind noch lange nicht voll ausgeschöpft. So ist damit zu rechnen, daß der Funktionalitätsumfang und der Anwendungskomfort in Zukunft erweitert bzw. verbessert wird. Studien gehen zudem von einer Verfünffachung der Umsätze am Markt für CRM-Systeme in den nächsten fünf Jahren aufgrund des großen Nachholbedarfs der Unternehmen aus. Zudem ist in nächster Zeit am Markt eine erhebliche Konsolidierung und Konzentration zu erwarten, worauf schon erste Insolvenzen von CRM-Software-Anbietern als Frühwarnindikatoren hindeuten.

3.2 Marktakteure

Dieses Kapitel stellt dar, daß es in vielen Fällen für Unternehmen bei der Einführung von CRM förderlich ist, neben dem CRM-Softwareanbieter die Dienstleistungen weiterer Marktakteure in Anspruch zu nehmen. Dazu werden die verschiedenen Typen an Marktakteuren vorgestellt und Hinweise gegeben, wann der Einsatz welcher Dienstleister sinnvoll erscheint.

Neben den Softwareanbietern sind im CRM-Markt im wesentlichen noch zwei Typen an Marktakteuren zu unterscheiden: Unternehmensberater im Sinne von Organisationsberatern und Outsorcing-Partner.

Unternehmensberater im Sinne von Organisationsberatern haben in der Regel in ihrem Geschäftsfokus die Unterstützung von Unternehmen bei der Einführung von CRM-Systemen bzw. bei Reorganisationen im Kundenmanagement im allgemeinen. Sie helfen zum einen, den Einführungsprozeß zu organisieren. Zum anderen bieten sie im Gegensatz zu den auf IT-Fragen spezialisierten Beratern die konzeptionelle, inhaltliche unternehmensindividuelle Ausgestaltung der einzelnen CRM-Instrumente sowie die Aufnahme und Optimierung der Prozesse im Kundenmanagement. Z. T. unterstützen sie auch die Auswahl eines für das Unternehmen adäquaten CRM-Anbieters.

Zudem sind viele dieser Berater auf die zielgerichtete Umsetzung eines Change Managements spezialisiert, das Unternehmen häufig ohne externe Hilfe aufgrund interner Verflechtungen kaum selbständig adressatengerecht umsetzen können. Als Faustregel kann festgehalten werden, daß der Nutzen für Unternehmen aus dem Einsatz von Unternehmensberatern im Sinne von Organisationsberatern wächst, je umfangreicher sich das CRM-Projekt darstellt.

Dabei sollte auf Unabhängigkeit des Beraters von CRM-Softwareanbietern geachtet werden, um Herstellerneutralität hinsichtlich der Softwareauswahl zu gewährleisten. Wichtig ist, daß diese Berater möglichst frühzeitig in das Projekt einzubeziehen sind, damit das Unternehmen maximal vom Know-how und den Erfahrungen profitieren kann. Unsere Erfahrungen zeigen, daß Unternehmen bei der Einführung von CRM-Systemen besonders erfolgreich sind, wenn am Anfang des Einführungsprozesses gemischte Teams aus unternehmensinternen Mitarbeitern der kundenbearbeitenden Stellen, IT-Spezialisten und Unternehmensberatern im Sinne von Organisationsberatern zusammengestellt werden.

Zudem bieten am Markt Servicepartner die Übernahme von Aufgaben im Rahmen von CRM an, wie z. B. den Betrieb eines Call Centers oder die Übernahme von Reparatur- und Wartungsleistungen. Hier ist jeweils insbesondere darauf zu achten, ob die von externen Outsourcing-Partnern eingesetzten Mitarbeiterressourcen jeweils über das notwendige Fach-Know-how verfügen. Die Qualitätssicherung kann dabei über die Gestaltung von Bonus-Malus-Systemen gesteuert und gewährleistet werden. Diese basieren auf Kriterien wie Werten zur Kundenzufriedenheit mit dem jeweiligen Servicepartner und/oder „harten" Kennzahlen, wie z. B. Reaktionszeiten oder Beschwerden, zur Messung der Einhaltung von sogenannten Service Level Agreements.

3.3 Erfolgsfaktoren

Im folgenden werden die Erfolgsfaktoren für die erfolgreiche Einführung von CRM-Systemen aus unterschiedlichen Perspektiven vorgestellt. Dazu werden in Kapitel 3.3.1 zunächst grundlegende Aspekte erläutert. In Kapitel 3.3.2 wird ein Leitfaden gegeben, der eine erfolgreiche Einführung eines CRM-Systems Schritt für Schritt erklärt. Kapitel 3.3.3 widmet sich dem erforderlichen Change Management bei der Einführung eines CRM-Systems. Kapitel 3.3.4 faßt die Erkenntnisse hinsichtlich der Erfolgsfaktoren bei der Einführung von CRM-Systemen managementorientiert in Checklisten zusammen.

3.3.1 Grundlegende Aspekte

Erste Erfolge durch den Einsatz von CRM-Software zeichnen sich ab. Allerdings sind auch Projekte zur Einführung von CRM-Systemen – insbesondere aufgrund von Akzeptanzproblemen – gescheitert, haben lediglich Mehrkosten verursacht, aber keine Erfolge erbracht.

Das sind zumeist Projekte, bei denen der Vertrieb lediglich mit Informations- und Kommunikationswerkzeugen beladen, aber kein grundlegendes Konzept zur Verbesserung der Vertriebssteuerung und damit der Umsatzsituation entwickelt wurde. Der Vertrieb hat in diesen Fällen wenig Anwendungsmöglichkeiten – insbesondere wenn zusätzlich an begleitenden Schulungen gespart wurde – für die neuen Instrumente gesehen und sie lediglich als Last bzw. Kontrollinstrument seiner eigenen Person durch Dritte empfunden. Denn letztendlich bedeutet die Einführung eines CRM-Systems bzw. bietet diesen den Anlaß, die Strukturen in Vertrieb, Marketing und Kundendienst neu zu überdenken.

Das führt zu Veränderungen in der strategischen Ausrichtungen bis hin zu Umstellungen im operativen Tagesgeschäft, so daß sich aus einer CRM-Einführung schnell ein Change-Management-Projekt entwickelt. Denn die Einführung eines CRM-Systems berührt nicht nur verschiedene Bereiche des Unternehmens, sondern führt auch zu Veränderungen in der täglichen Arbeit, so daß der Faktor „Mensch" einzubeziehen ist. Somit bedingt die Einführung eines CRM-Systems zugleich ein Change Management, um auch potentiell auftretende Widerstände der Mitarbeiter zu überwinden.

Um das Investitionsrisiko in ein CRM-System gering zu halten, ist darauf zu achten, daß das System zum Unternehmen hinsichtlich der verfügbaren Ressourcen, des Fach-Knowhows und der Geschäftsprozesse paßt. Ansonsten werden durch nicht benötigte oder zu komplexe Funktionalitäten lediglich Mehrkosten verursacht, die zu keiner Nutzenstiftung führen. Deshalb ist es wichtig, die auflaufenden Projektkosten zu dokumentieren und zu kontrollieren. ROI(Return On Investment)-Berechnungen sind teilweise schwierig, wenn auch Umsatzeffekte zur Erreichung des Break Even-Points erforderlich ist. Regelmäßig kein Problem auch für die interne Kommunikation in wirtschaftlicher Hinsicht erweist es sich, wenn bereits die aus der Einführung einer Teilfunktionalität resultierenden Kosteneinsparungen die Investition rechtfertigen. Allerdings sind entsprechende Kostenanalyse in einigen Fällen relativ komplex.

Grundlegende wesentliche Auswahlkriterien für die CRM-Software sollten sein, ob die Software modular aufgebaut ist, so daß nur die erforderlichen Funktionalitäten erworben werden können. Des weiteren ist entscheidend, ob die CRM-Software zur Vermeidung von Insellösungen über Schnittstellen in die bestehende Systemlandschaft eingebettet werden kann und inwieweit sich bereits im Unternehmen bestehende Lösungen integrieren lassen. Auch ist darauf zu achten, ob individuelle Anpassungen der Standardfunktionalitäten kostengünstig möglich sind und die Software problemlose Erweiterungen erlaubt.

Zudem sollte von der methodischen Architektur her das zu entwickelnde System offen und flexibel gestaltet sein. Das bedeutet, daß, aufbauend auf einem konkret ausgestalteten Standardset an Funktionalitäten, die Möglichkeit besteht, flexible Anpassungen an die jeweiligen Bedürfnisse vornehmen zu können. Dazu sollten neben den Standardeinstellungen Wahlmöglichkeiten hinsichtlich der Funktionsdetails, z. B. bei der Definition der Attribute der Kundendatenbank, bestehen, die im Rahmen eines Customizing kundenadäquat auszugestalten sind.

Ebenso sollte die Software die Möglichkeit bieten, neue Details in den Teilfunktionalitäten aufwandsarm einbinden zu können. Dabei ist es wichtig, daß dieses relativ einfach – nach Möglichkeit auch vom Unternehmen selbst – vorgenommen werden können. Denn bei einem CRM-System werden in der Anwendung im Zeitverlauf immer wieder Veränderungen in Funktionsdetails notwendig sein. So führen zum einen dynamische Marktveränderungen zu Anpassungen in der Kundenbearbeitung, die auch im CRM-System zwangsläufig zu berücksichtigen sind. Zudem zeigt zumeist erst die Anwendung des Systems im Zeitverlauf, welche Detailanpassungen erforderlich sind, um das System für das Kundenmanagement des jeweiligen Unternehmens zu optimieren.

Insgesamt sollte die Auswahl von CRM-Software in Abgleich mit den unternehmensindividuellen Anforderungen sowohl hinsichtlich DV-Technologie als auch hinsichtlich passender inhaltlicher Funktionalitäten erfolgen.

Kundenbeziehungen sind von Unternehmen zu Unternehmen so unterschiedlich, so daß sie eine differenzierte Bearbeitung erfordern. Deshalb sind auch die eingesetzten Instrumente individuell zu gestalten, so daß eine Standardlösung per se nur in den seltensten Fällen Erfolg verspricht. Deshalb ist es wichtig, eine zielgerichtete Bedarfsanalyse durchzuführen, um zum einen aus der Menge vielfältigster, am Markt angebotener Instrumente die erforderlichen auszuwählen und zum anderen die individuellen Detailanforderungen zu bestimmen.

Branchenerfahrungen des CRM-Anbieters sind bei der Softwareauswahl eher zweitrangig, da wenige Anbieter ausgewiesene Branchenspezialisten sind. Zudem sind eventuell bereits realisierte Branchenlösungen nicht immer auch die besten Lösungen für das Unternehmen. Vielmehr ist das Verständnis für Prozesse im Kundenmanagement entscheidend, um die Abstimmung zwischen Unternehmen und Anbieter zu vereinfachen.

Unsere Beratungserfahrungen zeigen, daß als Grundstein für den Erfolg von CRM neben der Softwareauswahl ein gezieltes Vorgehen im Rahmen des Einführungsprozesses erforderlich ist. Im folgenden wird dazu ein Leitfaden gegeben.

3.3.2 Leitfaden für eine erfolgreiche CRM-Einführung

Die ganzheitliche Einführung eines CRM-Systems sollte als strategisches Projekt angesehen werden, da hierdurch die zukünftige Ausgestaltung der Kunden- und Marktbearbeitung bestimmt wird. Eine adäquate Unterstützung des Projektes durch das Top-Management des Unternehmens als Fürsprecher des Einführungsprojektes ist nicht zuletzt deshalb von Relevanz, da in diesem Bereich in Unternehmen in der Regel die größten Potentiale zur Verbesserung der eigenen Wettbewerbsposition liegen. Dies drückt sich nicht nur in Kostensenkungs-, sondern insbesondere auch in Umsatzsteigerungs- bzw. –sicherungspotentialen aus. So kann auch eine Verringerung der Churn Rate, der Kundenabwanderungsquote, als Erfolg angesehen werden.

Im Idealfall ist ausgehend von den Ergebnissen einer Kundenzufriedenheitsanalyse eine Kundenorientierungsstrategie abzuleiten. Der wesentliche Vorteil der Kundenzufriedenheitsanalyse besteht darin, daß sich neben operativen auch strategische Verbesserungspotentiale für die Inhalte der Kundenbearbeitung aufdecken lassen, wie oben im Rahmen der Diskussion des Kundenzufriedenheitsportfolios dargestellt worden ist.

Diese Ergebnisse dienen als Ausgangspunkt und fließen somit als Inputgeber in die Entwicklung bzw. Neuausrichtung der Kundenorientierungsstrategie ein. Hier sind drei wesentliche Teilaufgaben zu unterscheiden: die Zielbestimmung, die eigentliche Strategieentwicklung, die Erfassung von Erfolgstreibern sowie die Erhebung eines Stärken-/Schwächenportfolios. Als Vorgehen hat sich dazu bewährt, mit den Strategieverantwortlichen sogenannte strukturierte Strategieworkshops ggf. mit externer Beratungsunterstützung durchzuführen.

Dabei sind als Ergebnisse erstens wesentliche Ziele hinsichtlich Umsatz und Kundenzufriedenheit zu formulieren, die im Anschluß in einem nächsten Schritt in Kennzahlen zu operationalisieren sind. Zweitens sollten die Ergebnisse in der sogenannten Strategy Map und die Grundzüge der Kundenorientierungsstrategie in einem ein- bis zweiseitigen Paper zusammengefaßt werden. Die Strategie ist im Unternehmen zu kommunizieren, damit das Verständnis durch alle Abteilungen diffundieren und sie entsprechend gelebt werden kann. Drittens sind wesentliche Erfolgstreiber, wie z. B. das Verhalten der Konkurrenz, sowie die einzelnen Stärken und Schwächen, wie z. B. die zur Verfügung stehenden Mitarbeiterressourcen, jeweils in Portfolios zusammenzufassen. Ggf. sind hierzu im Anschluß Detailanalysen notwendig.

Die Ergebnisse der Entwicklung bzw. Neuausrichtung der Kundenorientierungsstrategie dienen dem Projektteam als Grundorientierung für die folgenden Schritte im Rahmen der Einführung von CRM. Häufig wird die Auswahl des Projektteams unterschätzt. Es reicht nicht aus, lediglich einen CRM-Beauftragten zu benennen. Vielmehr ist ein interdisziplinäres Team zu bilden. Neben der Berücksichtigung der geschilderten Change-

Komponenten erfordert die Einführung eines CRM-Systems den Dialog zwischen DV- und Fach- bzw. Marketing-/Vertriebsseite, z. B. hinsichtlich der Machbarkeit. Deshalb sind in das Projektteam DV- und Fachexperten sowie Experten für das erforderliche Change Management zu integrieren.

Die Fachexperten sollten dabei die späteren Anwender repräsentieren, damit das CRM-System nicht am Bedarf vorbei konzipiert wird. Damit allerdings das Projektteam arbeitsfähig bleibt, können nicht alle späteren Anwender im Kernteam integriert werden. Deshalb sind nach Bedarf Workshops mit diesen Anwendern durchzuführen, um auch deren Anregungen und Vorstellungen einzuholen.

Ebenso ist darauf zu achten, daß neben den DV- und Fachexperten das Projekt durch Machtpromotoren forciert wird, um die Bedeutung einer erfolgreichen Einführung herauszustellen. Besonderes Augenmerk ist nicht zuletzt aufgrund der Zusammensetzung des Projektteams auf eine adäquate Projektorganisation samt klarer Vergabe von Verantwortlichkeiten sowie auf eine zielorientierte Projektplanung zu legen. Ggf. sind externe Ressourcen hinzuziehen, die effizient ein Abbild über bereits existierende CRM-Funktionalitäten am Markt geben und bei der Beurteilung von Machbarkeit sowie Kosten und Nutzen hilfreich sein können. Zudem helfen Externe oftmals als neutrale Einheit bei der Projektkoordination sowie bei der Vermittlung zwischen den unterschiedlichen Wünschen der Projektteammitglieder.

Auf Basis der erarbeiteten Kundenorientierungsstrategie ist sodann eine Analyse der Kundenbearbeitungsprozesse vorzunehmen. Dabei ist darauf zu achten, daß sowohl die Grundausrichtung und die damit verbundenen Prozesse im Kundenmanagement im Hinblick auf die Kundenzufriedenheit und den Unternehmenserfolg zu optimieren sind. Im Rahmen der Prozeßanalyse ist dabei grundsätzlich zwischen Client Facing- und Backoffice-Prozessen der Kundenbearbeitung zu unterscheiden. Die Client Facing-Prozesse sind diejenigen Prozesse, bei denen Schnittstellen zu Kunden bestehen, also das Unternehmen in direkten Kontakt mit dem Kunden tritt, wie z. B. die Aufnahme einer Beschwerde. Die Backoffice-Prozesse sind hingegen dem Kunden nicht transparent und dienen der Unterstützung der Client Facing-Prozesse, wie z. B. die durch die nach Aufnahme der Beschwerde im Unternehmen ausgelösten Prozesse oder die Prozesse zur Datenauswertung.

Im Rahmen der Analyse der Client Facing-Prozesse sind die Ist- und ggf. Soll-Interaktionspunkte mit dem Kunden zu definieren. Festzulegen ist somit, welche Möglichkeiten dem Kunden gegeben werden, mit dem Unternehmen von sich aus in Kontakt zu treten (Hol-Prinzip) und über welche Kanäle zu welchen Zeitpunkten das Unternehmen selbst an seine Kunden herantreten sollte (Bring-Prinzip). Die Client Facing-Prozesse stehen somit für die Ausgestaltung der Kunden-Unternehmens-Beziehungen.

Die Gestaltung der Backoffice-Prozesse fußt auf den unternehmensinternen Aufgaben des Kundenmanagements. Entsprechende Informationsflüsse und Workflows sind zu definieren, um die Sender-Empfänger-Beziehungen im Unternehmen zu optimieren und damit die zielgerichtete Ausgestaltung der Client Facing-Prozesse zu unterstützen.

Für die im Unternehmen bestehenden Prozesse des Kundenmanagements insgesamt ist – falls noch nicht vorhanden – eine Ist-Aufnahme durchzuführen. Darauf aufbauend ist ein Sollkonzept zu entwickeln, soweit Verbesserungs- bzw. Reorganisationsbedarf besteht.

So sind auch die aktuellen Stärken und Schwächend er Prozesse festzuhalten. Zudem sind ggf. neue Prozesse zu gestalten und aufzunehmen, um die Kundenbearbeitung hinsichtlich Effizienz und Effektivität darüber hinaus zu verbessern.

Für alle Prozesse ist zudem eine Informationsbedarfsanalyse vorzunehmen, damit festgelegt werden kann, welche Informationen zur adäquaten Durchführung welcher Prozesse benötigt werden. Des weiteren sind für jeden Prozeß ein sogenannter Process Owner zu bestimmen, der für das Prozeßergebnis verantwortlich ist, sowie Aufgabenträger – ggf. mehrere – zuzuordnen, welche die Prozeßschritte abarbeiten. Zudem sind Leistungskataloge zu definieren, welche die Prozeßbeschreibungen weiter spezifizieren, indem das angestrebte Prozeßergebnis festgehalten wird. Werden darüber Kennzahlen aggregiert, ergibt sich die Basis für ein prozeßorientiertes Controlling im Kundenmanagement. Dies kann z. B. durch die Bestimmung von Prozeßkosten und detaillierter Erfassung der Prozeßmengen verfeinert werden.

Die Ergebnisse der Analyse der Client Facing- und der Backoffice-Prozesse sind in der sogenannten Process Map zu dokumentieren. Sie sollte die Beziehungen zwischen den einzelnen Prozessen und für jeden einzelnen Prozeß folgende Informationen:

- Process Owner,
- Aufgabenträger für die einzelnen Prozeßschritte,
- Benötigte Informationen für die adäquate Prozeßdurchführung,
- Soll-Konzept, Reorganisationsbedarf, Stärken & Schwächen,
- Prozeßergebnis/-ziel/-aufgabe,
- Prozeßbeschreibung.

Ggf. können zusätzliche Informationen festgehalten werden hinsichtlich:

- Prozeßkennzahlen,
- Plan-/Ist-Prozeßmengen,
- Prozeßkosten.

Zudem können auf Basis der Process Map erste Potentialeinschätzungen vorgenommen werden, die erste Hinweise auf die Wirtschaftlichkeit der einzelnen Prozesse geben.

Die Erkenntnisse der Prozeßanalyse liefern die Basis für die anschließend durchzuführende Bedarfsanalyse. Im Rahmen dieser wird herausgearbeitet, welche Teilfunktionalitäten eines CRM-Systems für das Unternehmen grundsätzlich zur Unterstützung der identifizierten Prozesse notwendig sind. Darauf aufbauend wird analysiert, welche Funktionalitäten eines CRM-Systems für das Unternehmen sinnvoll sind und welche bereits im Unternehmen verwendet werden. Die Aufgabe der Bedarfsanalyse besteht somit in einer zielgerichteten, bedarfsgerechten Vorauswahl der am Markt angebotenen Funktionalitäten.

Für die Bedarfsanalyse reicht es nicht aus, eine bloße Funktionsliste zusammenzuschreiben. Dies ist ein häufig gemachter Fehler, daß lediglich aus den Katalogen von CRM-Anbietern sämtliche Funktionalitäten zusammengefaßt werden und nicht auf ihren Anwendungsnutzen hin überprüft werden. Das führt schnell zu einer nicht realisierbaren Anspruchsinflation an Funktionalitäten, die zudem keinen nennenswerten Mehrwert leisten. Beispielsweise ist die Einführung eines Produktkonfigurators wenig erfolgsversprechend, wenn die Kunden ohnehin Standardprodukte ohne große Varianten erwarten. Somit gilt wiederum der Grundsatz „technolgy follows function". Zudem ist zu erheben, welche CRM-Teilfunktionalitäten, wie z. B. eine Kundendatenbank, das Unternehmen im Rahmen der Kundenbearbeitung bereits einsetzt. Dazu sind Einsatzgebiet, Verwender, unterstützte Prozesse, benötigte Informationen sowie das IT-Einsatzumfeld darzustellen.

Für die erfolgreiche Einführung von CRM ist es aus den oben genannten Gründen entscheidend, die späteren Anwender des CRM-Systems – also die kundenbearbeitenden Stellen – in die Bedarfsanalyse zu integrieren. Die späteren Nutzer bzw. Anwender sind in strukturierten Interviews oder im Rahmen eines Workshops zu befragen, welche zusätzlichen Teilfunktionalitäten sie für Effizienz- und Effektivitätsverbesserungen in der Kundenbearbeitung sinnvoll halten. Zudem ist herauszuarbeiten, für welche bereits eingesetzten CRM-Funktionalitäten Anpassungsbedarf besteht. Um die Möglichkeiten bestimmter Teilfunktionalitäten den Anwendern zu veranschaulichen, sind vorab ggf. Einsatzszenarien zu gestalten.

Ergebnis der Bedarfsanalyse ist eine erste Übersicht, die bereits realisierte und noch nicht realisierte Teilfunktionalitäten unterscheidet. Bei den erstgenannten ist ggf. der entsprechende Anpassungsbedarf zu vermerken. Die zweitgenannten sind Muß-, Nice-to-Have- und irrelevante Teilfunktionalitäten zu kategorisieren, um sich einen ersten – allerdings noch groben – Überblick zu verschaffen.

Im Anschluß sind die Ergebnisse der Bedarfsanalyse im Detail zu analysieren. Dabei sind die zunächst grob in die Kategorien "Muß" und "Nice-to-Have" eingeteilten Teilfunktionalitäten hinsichtlich verschiedener Kriterien im Detail zu bewerten.

Neben einer Kosten-Nutzen-Analyse für die Teilfunktionalitäten ist zu prüfen, ob jeweils die Handhabbarkeit gewährleistet ist, also z. B. genügend qualitative und quantitative Mitarbeiterressourcen zum Betrieb der Teilfunktionalität zur Verfügung stehen. So ist z. B. die Einführung versiertester statistischer Data Mining-Funktionalitäten nur sinnvoll, wenn das Unternehmen auch über ausreichende Kapazitäten und/oder statistisches Fach-Know-how zum Betrieb der Funktionalitäten verfügt. Zudem ist dabei zu prüfen, inwieweit bei der Realisierung einer Funktionalität auf im Unternehmen bereits vorhandene Komponenten zurückgegriffen werden kann.

Des weiteren ist zu beurteilen, inwieweit die Einführung einer Teilfunktionalität auf Akzeptanz bei den späteren Anwendern stößt. Diese Analyse liefert auch Basisinformationen für das erforderliche Change Management im Rahmen der Einführung des CRM-Systems, das im folgenden Kapitel dargestellt wird. Bei erwarteter Ablehnung ist diese entweder zu überwinden oder die Realisierung der Funktionalität zu überdenken, da eine wenig akzeptierte Funktionalität auch keine großen Erfolge verspricht. Zur Systematisierung der Akzeptanzfrage im Vergleich zum erwarteten Nutzen und Veranschaulichung ist die Anwendung des Acceptance-Success-Portfolios hilfreich, das folgende Abbildung visualisiert.

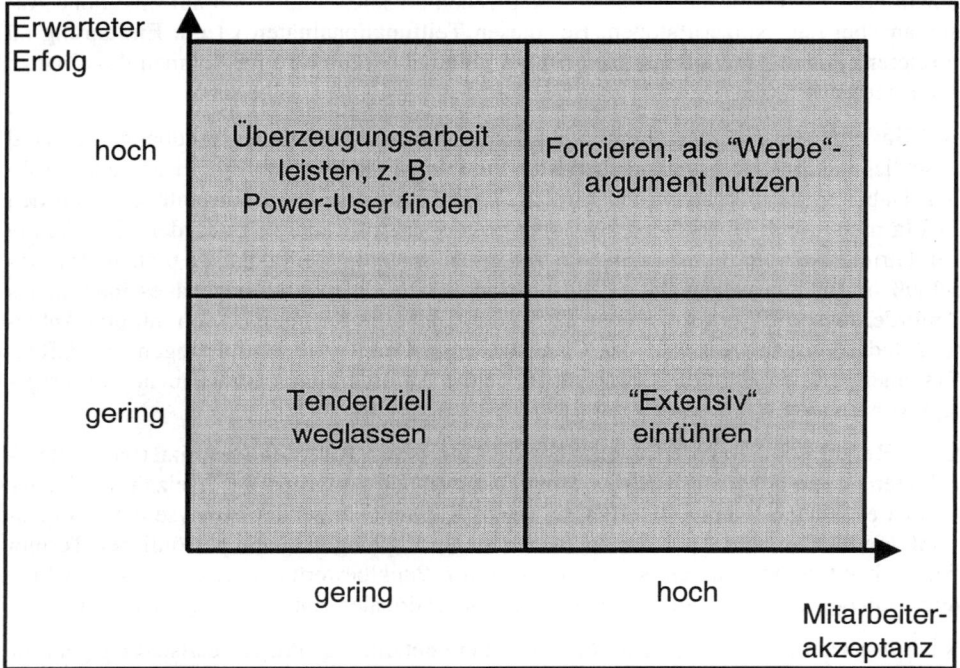

Abbildung 2: Acceptance-Success-Portfolio

Erläuterungsbedürftig ist die Success-Achse. Auf ihr ist der rein ökonomische Nutzen bzw. Erfolg aus der Kosten-Nutzen-Analyse abgebildet, wenn man den Faktor Akzeptanz bei den Anwendern ausblenden könnte. Die Einordnung der Funktionalitäten erfolgt hinsichtlich der Akzeptanz idealtypisch auf Basis von Befragungsergebnissen der Anwender. Die konkrete Position der einzelnen Teilfunktionalitäten auf der Achse kann über Paarvergleiche eingeschätzt werden.

Im Quadranten unten links sind diejenigen Funktionalitäten, auf die tendenziell das Unternehmen verzichten sollte. Sie stoßen bei einem relativ geringen ökonomischen Nutzen auf eine eher ablehnende Haltung der Anwender.

Die Teilfunktionalitäten im Quadranten oben links versprechen zwar einen relativ hohen Nutzen, stoßen tendenziell aber auf Ablehnung. Hier ist der Hauptansatzpunkt der im folgenden noch vorgestellten Instrumente des Change Managements zur Überwindung der Einführungswiderstände.

Im Quadranten unten rechts weisen die Teilfunktionalitäten zwar einen relativ geringen ökonomischen Nutzen, allerdings ist hier die Akzeptanz seitens der Anwender hoch. Diese Teilfunktionalitäten sollten extensiv eingeführt werden. Das bedeutet, daß diese Teilfunktionalitäten zwar eingeführt, hierauf jedoch nicht der Schwerpunkt gelegt werden sollte.

Im Quadranten oben links sind diejenigen Teilfunktionalitäten abgebildet, die sowohl einem hohen ökonomischen Nutzen versprechen als auch tendenziell auf eine hohe Akzeptanz bei den Nutzern stoßen. Bei diesen Teilfunktionalitäten ist die Einführung zu forcieren. Zudem sind sie gut geeignet als "Werbe"-Argumente im Rahmen des Change Management-Prozesses.

Auf Basis der Bewertungen hinsichtlich Kosten-Nutzen-Verhältnis, Handhabbarkeit sind abschließend die erfolgsversprechendsten Funktionalitäten für die Einführung auszuwählen. Dabei sollte man sich zunächst auf einige Funktionalitäten konzentrieren, um den Erfolg nicht durch Überkomplexität oder zu großen Aufwand zu gefährden. Ggf. ist die Einführung weiterer Funktionalitäten für einen späteren Zeitpunkt zu planen. Im Anschluß ist für die ausgewählten Teilfunktionalitäten ein möglichst genaues inhaltliches Anforderungsprofil zu formulieren. Dies vereinfacht die Kommunikation mit den Anbietern und somit die Auswahl des CRM-Systems. Denn viele Einführungen von CRM-Systemen erfüllen nicht die Erwartungen, da die Anforderungen vorher nicht klar festgelegt worden sind.

Unter Berücksichtigung der in detaillierten Anforderungsprofilen spezifizierten Funktionalitäten ist ein adäquates CRM-System auszuwählen. Aufgrund der Vielzahl an Anbietern ist es zunächst sinnvoll, auf Basis der in Kapitel 5 folgenden Analyse eine Vorauswahl von fünf bis acht Anbietern zu treffen, deren Eignung in einem persönlichen Termin tiefergehend zu analysieren ist. Der Einsatz von Punktbewertungsverfahren ist hier hilfreich, um den Überblick zu wahren und zu einer rationalen Entscheidung zu kommen.

Nach Auswahl einer geeigneten Software ist ein detaillierter Projektrealisierungsplan für die Implementierung aufzustellen. Die Implementierung kann von internen Ressourcen oder vom Anbieter vorgenommen werden. Es ergeben sich aus technischer und vertraglicher Sicht im wesentlichen die gleichen Aufgaben und Anforderungen wie bei der Einführung anderer Softwaresysteme auch.

Wesentlich bedeutender für den Erfolg des CRM-Systems ist die gelungene Einführung hinsichtlich der Akzeptanz des Systems bei den Mitarbeitern. Das System darf nicht als Hemmnis aufgefaßt werden, das lediglich zusätzlichen Verwaltungsaufwand bedeutet. Vielmehr muß das System darauf hinwirken, daß die kundenbearbeitenden Stellen um administrative Aufgaben entlastet werden, damit sie sich stärker auf ihre Kernaufgaben konzentrieren können und diese durch Hilfestellungen aus den eingeführten Funktionalitäten besser erfüllen können. Somit ist der Nutzen des Systems zu vermarkten, insbesondere daß auch für die Nutzer persönliche Erfolge zu erwarten sind, z. B. aus höheren Umsatzprovisionen. Dies erfordert die Gestaltung eines adäquaten Change Managements, das im folgenden erläutert wird.

3.3.3 Change Management für eine erfolgreiche CRM-Einführung

Bei aller Funktionalitätsdebatte ist die Akzeptanz des CRM-Systems seitens der Mitarbeiter Grundvoraussetzung für die erfolgreiche Einführung. Diejenigen Unternehmen, die nur ein CRM-Softwareprodukt kaufen und es installieren, werden mit großer Wahrscheinlichkeit nur Mehrkosten verursachen. Unsere Beratungserfahrungen zeigen, daß auch die Einführung eines CRM-Systems erhebliche Veränderungen im Unternehmen verursacht und letztendlich Change-Management erfordert. Vertriebsmitarbeiter müssen ihre Jahre lang angewandten Arbeitstechniken umstellen und ergänzen. Das erzeugt oft Widerstände, die aus Angst resultieren. Erfolg ergibt sich nur, wenn den Mitarbeitern deutlich gemacht wird, daß Erfolge für sie persönlich zu erwarten sind und die Anwendung verwaltungsarm gestaltbar sind. Ansonsten wird leicht der Anschein eines zusätzlichen Kontrollinstrumentes geweckt, das lediglich höheren Verwaltungsaufwand bedeutet und im Grunde nur die eigentliche Vertriebsarbeit stört.

Zu beachten ist, daß die Ablehnung aus Widerständen seitens der betroffenen Mitarbeiter im günstigsten Fall offen zur Sprache gebracht, zumeist jedoch nur verdeckt innerhalb des Kollegenkreises artikuliert wird. Solcherlei Widerstände stellen eine große Gefahr für die erfolgreiche Einführung eines CRM-Systems dar.

Für den Implementierungserfolg von CRM-Systemen stellt sich also die Gretchenfrage, inwieweit es gelingt, auftretende Widerstände zu überwinden. Hierbei ist es entscheidend, an der Wurzel, den Motiven der einzelnen Mitarbeiter bzw. Anwender für Widerstände, anzusetzen. Im folgenden werden deshalb zunächst die verschiedenen Motive für Widerstand dargestellt und anschließend verschiedene Möglichkeiten aufgezeigt, die präventiv zur Vermeidung von Widerständen und zum Abbau trotzdem auftretender Widerstände geeignet sind. Da die erfolgreiche Durchführung von Change Management sehr viel Erfahrung erfordert, ist es für Unternehmen häufig hilfreich, hierbei auf einen externen Spezialisten zurückzugreifen. Zudem wird aufgrund dessen neutraler Stellung vermieden, daß Widerstände zu persönlichen Konflikten werden und zu Behinderung einer konstruktiven Zusammenarbeit auch nach der CRM-Einführung führen. Dies ist eines der Hauptprobleme, wenn Change Management ausschließlich mit unternehmenseigenen Ressourcen durchgeführt wird.

Allgemein formuliert ist das häufigste Motiv für Widerstand gegenüber Veränderungen wie die Einführung eines CRM-Systems die Angst des Mitarbeiters. Angst wiederum resultiert aus Unsicherheit über potentielle negative Folgen von Neuerungen auf die jeweilige persönliche Arbeitsplatzsituation. Unsicherheit ist somit als "Motor" der Angst zu verstehen. Befürchtet wird von den Mitarbeitern, daß künftig Fach- oder auch Machtinteressen nicht mehr verwirklicht werden können. Diese beiden Interessenlagen führen zur Unterscheidung in zwei Arten von Gegnern der Veränderungen, nämlich Fach- und Machtopponenten. Für diese beiden Gruppen haben unterschiedliche Ängste eine besondere Bedeutung, die sie zu Widerstand gegenüber Veränderungen bewegen.

Zu beachten ist dabei, daß einige Mitarbeiter zugleich sowohl Macht- als auch Fachopponenten sein können. Die Ängste gehen dann ineinander über. Ihnen gegenüber stehen die Macht- und Fachpromotoren, die der CRM-Einführung positiv gegenüber stehen und offensiv für die Kommunikation der resultierenden Vorteile eingesetzt werden sollten. Das Spannungsfeld zwischen Opponenten und Promotoren visualisiert die folgende Abbildung.

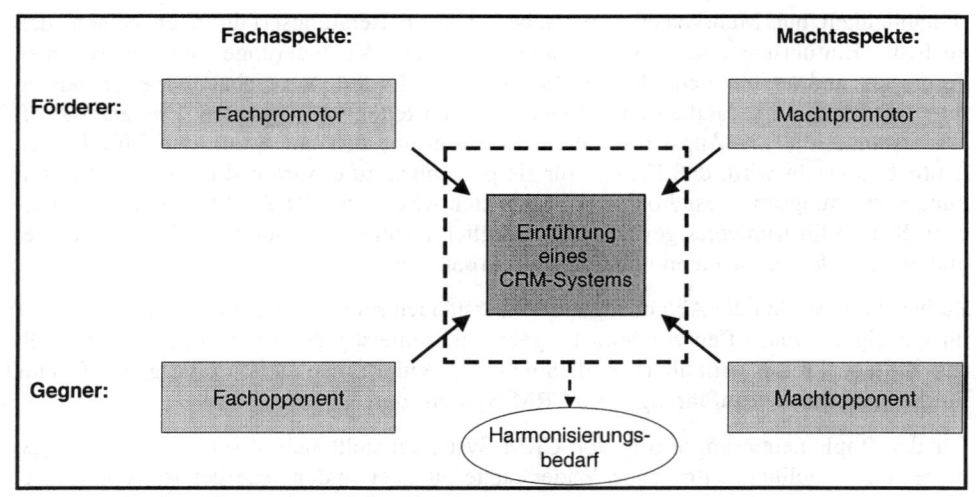

Abbildung 3: Spannungsfeld bei CRM-Einführung

Aufgabe des Change Management-Prozesses ist es, nach Möglichkeit Opponenten in Promotoren zu wandeln oder sie zumindest neutral zu stimmen. Zudem ist darauf zu achten, daß im Projektverlauf Promotoren auch Promotoren bleiben.

Die wesentlichen Ängste von Machtopponenten sind dabei:

- Angst vor Verlust an Einflußmöglichkeiten,
- Angst vor Verlust an Reputation,
- Angst vor eingegrenzten Budgets, z. B. verringerte Sachmittelausstattung oder weniger Personal.

Indizien für einen Machtopponenten ergeben sich aus der Äußerung der folgenden klassischen Aussagen:

- "Das haben andere schon vor Jahren versucht",
- "Unser Expertenwissen ist unentbehrlich",
- "Wir haben schon verschiedenste Ideen angedacht, aber die bisherige Struktur ist die beste".

Zu dem Personenkreis, für den diese Ängste eine größere Rolle spielen, gehören tendenziell Führungskräfte des Top-, Middle- und Lower-Managements. Die Ängste verstärken sich mit dem Umfang der durch die Einführung des CRM-Systems verbundenen Veränderungen.

Die Angst der Mitarbeiter vor Verlust an Einflußmöglichkeiten bezieht sich oftmals darauf, auf eine unbedeutende Position "weg belobigt zu werden" und damit an Einfluß zu verlieren oder gar entlassen zu werden. Bei Übernahme neuer Aufgabenbereiche, was

z. B. aus mit der CRM-Einführung verbundenen Reorganisationen resultiert, spielt zudem die Angst mit, daß die bisherige Reputation verloren gehen könnte. Denn in neuen Aufgabengebieten mit zudem noch anderen Personal muß sich eventuell auch gegenüber Konkurrenten mit gleichem Wissensstand die bisherige Machtposition und das Ansehen bei den Kollegen neu erarbeitet werden. Diese Ängste vor Machtverlusten können natürlich auch auf Bequemlichkeitsgründen beruhen, da die Einarbeitung in neue Gebiete, wie z. B. es der Einsatz neuer CRM-Funktionalitäten darstellt, häufig zusätzliche Anstrengungen erfordert.

Zudem spielen fachliche Ängste mit ein, daß Konkurrenten sogar über einen besseren Wissensstand verfügen oder man im neuen Bereich den Anforderungen nicht gerecht wird. Zur Abwehr derartiger Veränderungsmaßnahmen ziehen sich Mitarbeiter oft auf das Argument des unentbehrlichen Expertenwissens zurück, um die eigene sichere Machtposition nicht unnötig in Gefahr zu bringen und seine Wissensvorsprünge zu bewahren. Um darüber hinaus Budgeteinschränkungen im eigenen Bereich vorzubeugen, darf nach Aussage der Mitarbeiter das Budget nicht verringert werden, da ansonsten die Aufgaben in der bisherigen Qualität nicht mehr zu realisieren sind. Tatsächlich messen Führungskräfte häufig nur ihren Einfluß am ihnen zur Verfügung stehenden Budget, das natürlich aus ihrer Sicht nicht eingeschränkt werden soll. Das Vorschicken fachlicher Motive soll also häufig nur Machtinteressen verdecken.

Die bereits erwähnten Ängste von Fachopponenten sind im wesentlichen die folgenden:

- Angst vor Überforderung, nämlich den aus der Einführung von CRM resultierenden neuen Anforderungen nicht gerecht zu werden,
- Angst vor Kritik an der bisherigen Arbeitsweise bzw. dem Aufdecken von Schwachstellen in der Kundenbearbeitung,
- Angst vor Verlust des Arbeitsplatzes (sogenannte Rationalisierungsangst) oder anderer Sanktionen als Folge aus den beiden vorherigen Ängsten.

Als Indiz für einen Fachopponenten ist die Äußerung der folgenden klassischen Aussagen zu sehen:

- "Das haben wir schon immer so gemacht",
- "Das hat bisher immer gut geklappt",
- "Es ist schon alles optimiert. Was sollen wir da noch ändern?".

Diese Ängste hegen im wesentlichen Mitarbeiter der operativen Ebene und des Lower-Managements. Sie können bei der CRM-Einführung auftreten, wenn neue Funktionalitäten, Technologien und Arbeitstechniken eingeführt bzw. Prozesse umgestellt werden oder zusätzliche Aufgabenbereiche übernommen werden sollen. Die Ängste verstärken sich wiederum mit dem Umfang der durch die Einführung des CRM-Systems verbundenen Veränderungen.

Anzumerken ist, daß hinter den dargestellten Aussagen nicht nur Ignoranz, sondern oft auch die Angst steckt, z. B. neuen veränderten Arbeitsbedingungen fachlich oder kapazitativ nicht mehr gerecht werden zu können. So steigen aufgrund der immer weiter fortschreitenden Technisierung der Arbeitsplätze oder auch die sich aus der Globalisierung und Dynamik der Märkte ergebenden Anforderungen an Mitarbeiter ständig. Das Erfordernis ständiger Weiterbildung – sozusagen lebenslanges Lernen, ohne sich auf bisherigen Lorbeeren auszuruhen – ist insbesondere für ältere Mitarbeiter oft eine Herausforderung, die große Angst verursacht.

Mitarbeiter verstehen zudem zum Teil den Anstoß von Neuerungen als Kritik an ihrer Arbeit, so wie sie sie bisher erledigt haben. Insbesondere bei Vorschlägen seitens der Mitarbeiter darf der Vorwurf "Warum haben Sie das nicht schon immer so gemacht und kommen erst jetzt?" von Vorgesetzten nicht erhoben werden, da ansonsten sämtliche Innovationskraft der Mitarbeiter im Keim erstickt wird. Des weiteren besteht oft die Angst, daß die im Rahmen der CRM-Einführung durchgeführten Prozeßanalysen Schwachstellen aufdecken. Die Angst vor Überforderung oder Kritik mündet in der Angst vor Sanktionen und im Extremfall vor dem Verlust des Arbeitsplatzes.

Ein weiterer Grund für ablehnende Haltungen seitens der Betroffenen ist oft auch schlicht und einfach Bequemlichkeit. Widerstände können also grundsätzlich neben der Können-Komponente auch auf der Wollen-Komponente der Mitarbeiter beruhen. So bedeutet die Anpassung an einen veränderten Arbeitsplatz zunächst einmal eine gewisse Einarbeitung, die oft mühsam ist. Dabei entsteht dann auch zusätzlich oft die Meinung, daß die alte Arbeitsweise schneller war. Zudem kann es sein, daß den Mitarbeitern – eventuell auch hervorgerufen durch eine gewisse Betriebsblindheit – die Vorstellungskraft fehlt, daß durch Veränderungen Verbesserungen bewirkt werden können.

Zur präventiven Vermeidung von Widerständen bzw. zum Abbau dieser ist eine "Vermarktungsstrategie" der CRM-Einführung zu entwickeln. Dazu sind zunächst Fach- und Machtopponenten und die entsprechenden Motive des Widerstands dieser Mitarbeiter zu identifizieren. Genauso sollten Befürworter der Veränderungen, also Fach- und Machtpromotoren, erkannt werden, um sich ein Gesamtbild für den Bedarf an "Widerstandsüberwindung" zu verschaffen. Als Instrument eignen sich hierzu Einzel- und Gruppeninterviews. Idealtypisch werden danach die Widerstandsmotive abgebaut und dadurch aus Opponenten Promotoren gemacht. Dieses wird nicht vollständig, sondern in der Regel nur zum Teil gelingen. Wichtig ist jedenfalls dabei die Aufklärung und die Einbeziehung der betroffenen Mitarbeiter. Deshalb sind zunächst die Aussagen zu formulieren, welche über die zweitens festzulegenden Kommunikationsinstrumente weiterzugeben sind.

Die Ziele und die Notwendigkeit der beabsichtigten Veränderungen sind den Mitarbeitern transparent zu machen. Durch Transparenz kann ein Großteil der Unsicherheit, der daraus resultierenden Ängste und somit auch der Widerstände seitens der Mitarbeiter ausgeräumt werden. Denn häufig sind viele Befürchtungen der Mitarbeiter völlig unbegründet und entstehen lediglich aus Gerüchten durch Intransparenz. Auch wenn Personaleinsparungen geplant sind, sollte man diese nicht verheimlichen, da ansonsten die Vertrauensbasis gegenüber den Mitarbeitern nachhaltig gestört werden kann.

Zudem ist eindeutig darzustellen, daß die Einführung des CRM-Systems keine Kritik an der bisherigen Arbeitsweise der Mitarbeiter darstellt und deshalb daraus keine Sanktionen zu befürchten sind. Um die Angst vor künftigen fachlichen Überforderungen zu begegnen, sollten entsprechend Schulungsmaßnahmen in Aussicht gestellt werden. Deshalb darf an Schulungen nicht gespart werden, damit sich das System so leicht wie möglich in das Tagesgeschäft integrieren läßt. Der Angst vor kapazitativer Überforderung kann entgegen getreten werden, indem klar dargestellt wird, daß bewußt Zeiträume zur Einarbeitung gewährt oder vorübergehend Überhangkapazitäten geschaffen werden. Des weiteren ist es wichtig, die Vorteile der Veränderungsmaßnahmen offensiv herauszustellen, z. B. Verbesserung der künftigen Ertragslage und damit auch Sicherung der Arbeitsplätze oder Erhöhung der Einkünfte der Mitarbeiter. Das ist entscheidend, um nicht nur das Widerstandsmotiv der Angst aus Überforderung, sondern auch der Bequemlichkeit überwinden zu können.

Nach Festlegung der zu treffenden Aussagen sind diese an die betroffenen Mitarbeiter zu transportieren. Dazu stehen verschiedene Kommunikationsinstrumente zur Verfügung:

- Benennung eines Multiplikators bzw. mehrerer Multiplikatoren,
- Gespräche und Diskussionsrunden mit den betroffenen Mitarbeitern sowie Informationsveranstaltungen im „kleinerem Kreis", z.B. auf Abteilungsebene,
- Einsatz von sogenannten Pilotanwendern,
- abteilungsübergreifende (Groß-)Informationsveranstaltungen,
- Aufarbeitung in Broschüren/Hauszeitschriften,
- "Kummerkasten" für Fragen und Probleme.

Die erst drei genannten Instrumente stellen die Kerninstrumente zur Widerstandsüberwindung dar. Die Instrumente 4 - 6 runden die Kommunikation ab.

Die Hauptaufgabe des Multiplikators besteht darin, Bindeglied zwischen Management und Betroffenen zu sein. So soll durch ihn der hierarchiefreie Kommunikationsfluß gewährleistet und beschleunigt werden. Er soll auf der einen Seite den betroffenen Mitarbeitern die Ziele des CRM-Projektes näher bringen, sie von der Sinnhaftigkeit überzeugen und ihre oben beschriebenen Befürchtungen ausräumen, andererseits aber Sorgen und Einwände an die Verantwortlichen weiterleiten. Als Multiplikatoren sind Personen auszuwählen, die sowohl in fachlicher als auch in sozialer Hinsicht von den Mitarbeitern akzeptiert werden. Ihr Erfolg hängt wesentlich von ihrem fachlichen Know-how und ihrer Sozialkompetenz ab. So wird ein zwar fachlich sehr kompetenter Mitarbeiter aber eher inkommunikativer, introvertierter und wenig einfühlsamer Mitarbeiter kaum Zugang zu den betroffenen Personen finden, um diese von der Sinnhaftigkeit des Unterfangens überzeugen können. Umgekehrt wird ein mit hinreichender sozialer Kompetenz ausgestatteter Mitarbeiter ohne Know-how ebenso wenig Wirkung erzielen.

Dazu sollten die Multiplikatoren möglichst neutral sein, also von den anstehenden Veränderungen nach Möglichkeit nur kaum betroffen sein. Allerdings sollte ein Multiplikator von dem Erfolg der Neuerungen überzeugt sein. So sollte er auch zur Überwindung der Widerstände sehr überzeugend wirken, und er kann dies nur dann, wenn er persönlich fest an den Erfolg der Veränderungen glaubt. Aufgesetzte Meinungen werden sehr schnell erkannt und verschärfen nur die Widerstände.

Die Multiplikatoren sollten also sowohl beim Management als auch bei untergeordneten Mitarbeitern Vertrauen genießen. Besteht dieses Vertäuen nur einseitig, besteht die Gefahr, daß Widerstände auf der einen Seite ab-, und auf der anderen Seite aufgebaut werden. Eine solche Entwicklung könnte sogar zu einer Verhärtung der "Fronten" führen.

Der Kontakt zu den Betroffenen kann auf unterschiedliche Weise hergestellt werden. Die Multiplikatoren sollten im Rahmen der CRM-Einführung möglichst frühzeitig direkt auf betroffene Mitarbeiter zugehen. Dabei ist der zwanglose Kontakt direkt am Arbeitsplatz des Betroffenen oft der einfachste Weg. Ebenso eignen sich Veranstaltungen in "kleineren Kreisen", um die Widerstände der betroffenen Mitarbeiter zu überwinden. Denn in diesem relativ intimen Kreis sind die betroffenen Mitarbeiter tendenziell eher bereit, Fragen zu stellen, die durch den Multiplikator geklärt werden können. Dadurch kann in der Regel ein Großteil der Befürchtungen ausgeräumt werden.

Zudem können Diskussionsrunden installiert werden, deren Teilnehmerzahl aus Effizienzgründen 8-10 Teilnehmer nicht übersteigen sollte. Um verschiedenste Aspekte einzufangen, sollte sich der Teilnehmerkreis jeweils abteilungsübergreifend zusammensetzen. Durch diese Einbeziehung der Mitarbeiter steigt in der Regel die Akzeptanz.

Die Verbreitung des CRM-Systems im Unternehmen sollte zudem anfänglich über Pilotanwender erfolgen, die aufgeschlossen gegenüber der Einführung des CRM-Systems eingestellt sind. Das führt nicht nur dazu, verbleibende Fehler und Verbesserungspotentiale vor der flächendeckenden Einführung aufzuspüren, sondern auch zu zusätzlichen positiven Multiplikatoreffekten durch die Pilotanwender.

Abteilungsübergreifende Großinformationsveranstaltungen sind zum Ausräumen der Widerstände eher problematisch, da sich die individuellen Ängste der Mitarbeiter nur kaum thematisieren lassen. Denn bei großen Veranstaltungen ist die Hemmschwelle, was das Stellen von Fragen und die Äußerung von Kritik angeht, zumeist sehr groß. Oft werden auch nach Aufforderung keine Fragen gestellt. Die Veranstaltung wird beendet, und dann erst wird in kleineren Gruppen heftigst diskutiert. Großveranstaltungen eignen sich mehr, um grundsätzliche Transparenz über anstehende Veränderungen zu geben und das Konzept vorzustellen. Sie dienen deshalb insbesondere als Kick-Off-Veranstaltungen, also um den Startschuß für die anstehenden Veränderungen zu geben. Die eher allgemeinen Informationen können dann im weiteren Verlauf über Broschüren oder ggf. Hauszeitschriften weitergegeben werden. Das Aufstellen von sogenannten anonymen "Kummerkästen" dient des Aufgreifens noch nicht erfaßter Ängste, um diesen dann aktiv begegnen zu können.

Die bisher beschriebenen Maßnahmen dienen zwar auch der Überzeugung von Machtopponenten, aber insbesondere zur Überwindung der Widerstände der Fachopponenten. Zusätzliche Maßnahmen sind zur Überzeugung der Machtopponenten zu treffen. Hier eignen sich Einzelgespräche oder die Gestaltung von Anreizsystemen, die bei den Machtopponenten das Interesse an den Veränderungen wecken. Wird z. B. von einer Sparten- auf eine Kundenorganisation umgestellt, um auf den Bedürfnissen der Großkunden besser gerecht zu werden, könnte künftig nicht mehr der Gesamtumsatz, sondern der mit Großkunden getätigte bonusrelevant sein. Um grundsätzlich die Widerstände von Machtopponenten – also Führungskräften – gering zu halten, sollte bereits bei der Personalauswahl auf entsprechende Flexibilität und Veränderungsbereitschaft geachtet werden.

Die getroffenen Aussagen gelten sowohl für Top-Down als auch für Bottom-Up initiiertes Change-Management. Bei Top-Down-Programmen ist das Ziel der Widerstandsüberwindung in erster Linie Akzeptanz. Bei Bottom-Up-Programmen muß neben den gleichen Widerständen – zum Teil in nicht ganz so massiver Form – zusätzlich bei den

Mitarbeitern sozusagen Antriebsenergie generiert werden. Dazu eignen sich ergänzend in Aussicht gestellte Belohnungen für erfolgreiche Veränderungsvorschläge im Rahmen der CRM-Einführung. Zudem muß über Vorschläge ohne Verzögerung entschieden werden, damit einmal erzeugter Antrieb nicht wieder verpufft. Des weiteren ist festzuhalten, daß der Grad der Widerstände bei Top Down und bottom-up-Veränderungsprogrammen vom im Unternehmen praktizierten Führungsstil abhängt. Bei ansonsten kooperativen Führungsstil und flachen Hierarchien eignen sich besonders Bottom Up-Programme. In autoritär-hierarchisch geführten Unternehmen versprechen Top Down-Programme Erfolg, da es schwierig ist, die nötige Antriebsenergie bei den Mitarbeitern zu erzeugen; denn die Mitarbeiter sind es in der Regel nicht gewöhnt, selber Vorschläge hervorzubringen. Anzumerken bleibt, daß sowohl bei Top Down als auch bei Bottom Up-Programmen aus einem gewissen Maß an Restangst eine für das gesamte Unternehmen förderliche Aufbruchstimmung initiiert wird, da sich Mitarbeiter neu behaupten müssen und nicht mehr im "eigenen Saft schmoren".

Insgesamt gilt, daß je besser Widerstände überwunden werden, desto größer erweist sich in der Regel der mit der CRM-Einführung verbundene Erfolg. Dazu sind die potentiellen Gegner und deren Widerstände, die im wesentlichen aus dem Motiv der Angst resultieren, zu erfassen und aktiv zu begegnen. Hier ist Transparenz eine notwendige Voraussetzung, um eine hohe Effektivität der eingesetzten Instrumente zu erreichen. Nur wenn die Widerstände im notwendigen Maß abgebaut werden und die Mitarbeiter die Veränderungsmaßnahmen akzeptieren, können die beabsichtigten Erfolge realisiert werden.

Zudem darf nicht an Schulungen gespart werden, damit sich das System möglichst leicht in das Tagesgeschäft integrieren läßt.

Insgesamt ist die Voraussetzung für den Erfolg eines CRM-Systems dessen gezielte Einführung in Abstimmung mit den späteren Nutzern. Die Aufgabe der Einführung eines CRM-Systems ist somit nicht zu unterschätzen. Der bloße Kauf eines Systems ohne vorherige Analyse und begleitende Einführung wird deshalb in den seltensten Fällen aus den oben genannten Gründen zu Erfolgen führen.

3.3.4 Zusammenfassende Checklisten

Die folgenden beiden Checklisten fassen die wesentlichen Erfolgsfaktoren bei der Einführung von CRM-Systemen zusammen.

Die erste Checkliste verdeutlicht, welche Fragen bei der CRM-Anbieterauswahl grundsätzlich beantwortet werden sollten.

Checkliste für die Einführung eines CRM-Systems:
- **Funktionen und Eigenschaften**
    - Übereinstimmung mit Anforderungsprofil: Stimmen die gebotenen mit den erwarteten Funktionalitäten überein?

- Qualität: Erfüllen die Funktionalitäten die erwarteten Leistungen?
- Modularer Aufbau: Ist das CRM-System so aufgebaut, daß nur die benötigten Komponenten gekauft werden können, oder ist immer ein Gesamtpaket zu beziehen?
- Erweiterbarkeit: Ist die Software später problemlos um weitere Komponenten erweiterbar?
- Benutzerfreundlichkeit: Wie benutzerfreundlich ist das System (Hilfefunktionen, Komplexität der Funktionalitäten, Integration von Oberflächen und Datenmasken, die bereits im Unternehmen eingesetzt werden und daher den Mitarbeitern bekannt sind)?
- Robustheit (Absturzsicherheit, Fehleranfälligkeit): Wie robust ist das System, insbesondere wenn große Datenmengen bearbeitet werden?

Kosten

- Kosten der Komponenten: Wie teuer sind die einzelnen Komponenten in Abhängigkeit der geplanten Nutzerzahl?
- Administrationsaufwand: Wie aufwendig ist der Betrieb des Systems hinsichtlich gebundener Mitarbeiterressourcen?
- Einführungsaufwand: Wie aufwendig ist die Einführung des Systems an sich (insbesondere DV-Stillstandszeiten, Implementierung, Einschneidungen in die tägliche Arbeit)?
- Schulungsaufwand: Mit welchem Aufwand für Mitarbeiterschulungen ist zu rechnen, um das System effektiv einsetzen zu können (häufig eine wesentlicher „Flaschenhals")?
- Aufwand für Individualanpassungen: Wie aufwendig sind individuelle Anpassungen des CRM-Systems?

Integrationsfragen

- Integration in Systemlandschaft: Läßt sich das System mit der Ihnen zur Verfügung stehenden Hardware betreiben?
- Integration bestehender Komponenten: Können im Unternehmen bereits existierende CRM-Komponenten in die Software integriert werden?
- Vorhandensein von Schnittstellen: Sind funktions- und leistungsfähige Schnittstellen zur im Unternehmen bereits eingesetzten Software vorhanden?

Anbieterprofil

- Branchenerfahrung: Über welche relevanten Branchenerfahrungen verfügt der Anbieter?
- Verständnis Kundenmanagement: Welches Verständnis hat der Anbieter von Kundenmanagement bzw. was versteht er darunter?

- Gegenseitiges Verständnis: Stimmt die "Chemie" zwischen Ihnen und dem Anbieter?

Die zweite Checkliste problematisiert wesentliche Punkte, die zu berücksichtigen sind, damit das CRM-Einführungsprojekt erfolgreich durchgeführt werden kann.

Problemcheckliste:

- Wird dem Projekt genügend Aufmerksamkeit seitens der Geschäftsführung beigemessen (Stichwort: Management Attention)?
- Stehen ausreichend Projektmitarbeiter hinsichtlich Projektkomplexität und -umfang zur Verfügung?
- Sind zur Verfügung stehendes Projektbudget und zu erwartende Projektkosten aufeinander abgestimmt?
- Ist ein Einführungsplan für die einzelnen Funktionalitäten entworfen worden?
- Inwieweit werden die späteren Anwender in grundsätzliche inhaltliche Fragen einbezogen? Sind deren Anforderungen aufgenommen worden?
- Haben sich die Abteilungen Marketing, Vertrieb, Kundenservice hinsichtlich Projektziele und einzuführende Funktionalitäten abgestimmt?
- Sind die Prozesse der Kundenbearbeitung überdacht und ggf. neugestaltet worden?
- Sind die bereits im Unternehmen eingesetzten CRM-Funktionalitäten hinreichend dokumentiert?
- Ist ein adäquates CRM-Audit durchgeführt, das die Anforderungsprofile an die umzusetzenden Funktionalitäten und Prozesse dokumentiert?
- Inwieweit ist es hilfreich neben dem CRM-Softwareanbieter auf Unternehmensberater zurückzugreifen?
- Sind die Voraussetzungen für eine einheitliche Datenbasis geschaffen worden?
- Sind notwendige Anwenderschulungen konzipiert und terminlich geplant?
- Ist ein adäquater Change Management-Prozeß zur Förderung der Akzeptanz von CRM und Abbau von Einführungswiderständen geplant?

4. Design der Anbieterbefragung

Im Rahmen dieses Marktspiegels sind 47 Anbieter von CRM-Software auf Basis eines strukturierten Fragebogens befragt worden. Dieser Fragebogen gliedert sich in fünf folgende Hauptthemenbereiche:

- Fragen zum Unternehmen

- Fragen zu den Kunden

- Fragen zum Produkt

- Fragen zum IT-Umfeld

- Fragen zu Vorgehen, Kosten und Zeit

Kern der Befragung ist Themenbereich 3. Hierbei ist zwischen inhaltlichen und methodischen Funktionalitäten unterschieden worden. Die inhaltlichen Funktionalitäten wurden wiederum in acht Sub-Kategorien untergliedert. Der konkrete Fragebogen wird im folgenden dargestellt. Anzumerken ist, daß die sogenannten "Hard Facts" zu den CRM-Anbietern, wie z. B. Adresse, Web-Site etc., im Serviceteil im Anhang B im Überblick dargestellt werden.

1. Fragen zum Kunden

1.1 Basisdaten

Firmenname	
Postadresse	
WWW-Adresse	
Telefonnummer	
Faxnummer	

Rechtsform	
Gründungsjahr der Firma	

Umsatz in Mio. DM	1996	1997	1998	1999	2000 (optional)

Anteil Umsatz CRM-Systeme	%
Bedeutung des CRM-Systems für Ihr Unternehmen	O strategisch O eines der aktuell wichtigsten Produkte O kleinerer Geschäftsbereich

1.2 Standorte und Kooperationen

Standorte	Anzahl und wichtigste Standorte
Welt	
Europa	
Deutschland	

Wichtigste Partner/Kooperationen	1.
	2.
	3.

2. Fragen zum Kunden

Für welche Zielgruppe ist Ihr Produkt ausgerichtet (Mehrfachnennungen möglich) ?		
Untern. bis 100 Mitarbeiter	O ja	O nein
101-500 Mitarbeiter	O ja	O nein
501-2000 Mitarbeiter	O ja	O nein
>2000 Mitarbeiter	O ja	O nein
Wie ist Ihr Produkt nutzbar?		
Branchenspezifisch	O	
Branchenübergreifend	O	

In welchen Branchen sind Sie mit Ihrem Produkt vertreten?		
	Schwerpunkt	Anzahl Kunden
Elektronik / High Tech	O ja O nein	

Bauindustrie	O ja O nein	
Energieindustrie	O ja O nein	
Automobilindustrie	O ja O nein	
Maschinen- und Anlagenbau	O ja O nein	
Metallindustrie	O ja O nein	
Pharmazeutische Industrie	O ja O nein	
Chemische. Öl, Gas	O ja O nein	
Papier- und Druckindustrie	O ja O nein	
Tourismus	O ja O nein	
Textil und Bekleidung		
Nahrung und Genuß	O ja O nein	
Möbel	O ja O nein	
Großhandel	O ja O nein	
Einzelhandel	O ja O nein	
Gesundheitswesen	O ja O nein	
Transportwesen	O ja O nein	
Medien	O ja O nein	
Finanzwesen	O ja O nein	
Dienstleistungen	O ja O nein	

Sonstige

3. Fragen zum Produkt

3.1 Inhaltliche Funktionalitäten

Hauptfunktionalitäten	Teilfunktionalitäten		
Vertriebsmanagement/ CAS-/SFA- Funktionalitäten	Projektmanagement	O ja	O nein
	Produktkonfigurator	O ja	O nein
	Elektronische Produktkataloge	O ja	O nein
	Elektronische Kundenakten	O ja	O nein
	Teamselling	O ja	O nein
	Vertriebsreporting	O ja	O nein
	Besuchshäufigkeitenoptimierung	O ja	O nein
	Key-Account-Management	O ja	O nein
	Kundenpotentialanalyse	O ja	O nein
	Kundenportfolios	O ja	O nein
	ABC-Analysen	O ja	O nein
	Neukunden- versus Altkundenanalysen	O ja	O nein
	One-to-One-Marketingmanagement	O ja	O nein
	Schnittstelle zur Kostenrechnung	O ja	O nein
	Kundenerfolgsrechnung	O ja	O nein
	Vertriebserfolgsrechnung	O ja	O nein
	Vertriebscontrolling	O ja	O nein
	Zeitmanagement	O ja	O nein
	Zielplanung		
	- nach Kunden	O ja	O nein

	- nach Vertriebsmitarbeiter	O ja	O nein
	- nach Periode	O ja	O nein
	- nach Umsätzen	O ja	O nein
	- nach Deckungsbeiträgen	O ja	O nein

Kundendatenbank	Auftragsabwicklung	O ja	O nein
	Kundenhistorie	O ja	O nein
	Terminmanagement	O ja	O nein
	Wiedervorlagefähigkeit	O ja	O nein
	Doublettenabgleich	O ja	O nein
	Integration E-Mail	O ja	O nein
	Serienbriefe	O ja	O nein
	Multiuser-Fähigkeit	O ja	O nein
	Vertragsmanagement	O ja	O nein
	Ablage „harter" Faktoren, wie z. B. Umsatz	O ja	O nein
	Ablage „weicher" Faktoren, wie z. B. Kundenzufriedenheit	O ja	O nein

Customer Service Center	Call Center-Management	O ja	O nein
	Call Center-Controlling	O ja	O nein
	After-Sales-Servicemanagement	O ja	O nein
	After-Sales-Servicecontrolling	O ja	O nein
	Helpdesk-Funktionen	O ja	O nein
	Beschwerdemanagement	O ja	O nein
	Beschwerdemanagement-Controlling	O ja	O nein

Geo-Marketing	Tourenplanung	O ja	O nein
	Standortanalyse	O ja	O nein
	Standortoptimierung	O ja	O nein
	Vertriebsgebietsanalyse	O ja	O nein
	Vertriebsgebietsoptimierung	O ja	O nein

Marktkommunikation	Kampagnenmanagement allgemein	O ja	O nein
	Management von Direct Mailings	O ja	O nein
	Werbebudgetierung	O ja	O nein
	Mediaselektion	O ja	O nein

Kundenzufriedenheitsmanagement	Kundenzufriedenheitsanalysen		
	Univariate Verfahren	O ja	O nein
	Bivariate Verfahren	O ja	O nein
	Multivariate Verfahren	O ja	O nein
	Kausalanalysen	O ja	O nein
	Faktorenanalysen	O ja	O nein
	Clusteranalysen	O ja	O nein
	Gestaltung Kundenzufriedenheitsindex	O ja	O nein
	Kundenzufriedenheitscontrolling	O ja	O nein
	Positionierung zu Wettbewerbern	O ja	O nein

Pricing	Simulationsrechnungen	O ja	O nein
	Szenariorechnungen	O ja	O nein
	Versioning/Bundeling	O ja	O nein

Data Mining/ Databasemarketing	Markt- und Kundensegmentierung		
	- nach soziodemographischen Merkmalen	O ja	O nein
	- nach psychographischen Merkmalen	O ja	O nein
	nach Kombinationen aus beidem	O ja	O nein
	Simulation Kaufwahrscheinlichkeiten	O ja	O nein
	Simulation Cross-Selling-Potentiale	O ja	O nein
	OLAP-Funktionalität	O ja	O nein
	Ganzheitliche Monte-Carlo-Simulationen	O ja	O nein
	Schnittstelle zur Kostenrechnung	O ja	O nein
	Verbindung zu Balanced Scorecards	O ja	O nein
	Visualisierungsmöglichkeit	O ja	O nein
	Prognosen/Forecasts	O ja	O nein
	Gestaltung Marktreaktionsfunktionen	O ja	O nein

3.2 Methodische Funktionalitäten

		Anmerkungen
Replizierfähigkeit	O ja O nein	
Skalierbarkeit	O ja O nein	
Integration externer Datenbestände	O ja O nein	

Schnittstellen	O ja	O nein
Multiuser-Fähigkeit	O ja	O nein
Workflowfähigkeit	O ja	O nein
Dokumentenmanagement	O ja	O nein
Selbständige Erweiterbarkeit	O ja	O nein
Netzwerkfähigkeit	O ja	O nein
E-Business-Fähigkeit	O ja	O nein
Integration von Email	O ja	O nein
Fax	O ja	O nein
Telefon	O ja	O nein

4. Fragen zum IT - Umfeld

Betriebssystem	Server	Client
Unix		
Windows NT		
Windows 95		
Windows 3.x		
OS/2		
AIX		
HP-UX		

Betriebssystem	Server	Client
DEC Open VMS		
IBM S390		
Novell Netware		
Terminal		
OS/400		
BS 2000		
Sinix		

Datenbank	unterstützt	im Einsatz
Adabas		
Informix		
MS SQL Server		

Datenbank	unterstützt	im Einsatz
IBM DB2		
Ingres		
MS Access		

nur eigene		
DB/400		
alle relationalen DB		
alle ODBC kompatiblen		

Btrieve		
Sybase		
Progress		

Programmiersprache							
C		C++		Cobol	
RPG		Java		Visual Basic	
4GL					

5. Fragen zu Vorgehen, Kosten und Zeit

5.1 Potentialeinschätzung

Potentialanalyse (Verbesserungsmöglichkeiten durch die Einführung Ihres CRM-Systems)	O wird immer durchgeführt O wird auf Wunsch durchgeführt O wird nicht durchgeführt
Customizing	O Standardprodukt für alle Branchen O Standardprodukt je Branche O an spezielle Kundenanforderungen anpaßbar O für Kunden individuell erstelltes Produkt

5.2 Kosten, Zeit

Preispolitik Lizenzen	O Gesamtpreis O Anzahl der Standorte mit Installationen O Concurrent / Runtime User O Named User O Sonst:
1 Administrator-Lizenz	DM:

2 Administrator-Lizenzen	DM:	
5 Administrator-Lizenzen	DM:	
5 Anwender-Lizenzen	DM:	
10 Anwender-Lizenzen	DM:	
20 Anwender-Lizenzen	DM:	
50 Anwender-Lizenzen	DM:	
100 Anwender-Lizenzen	DM:	
Workshop	DM pro Tag:	Tage:
Schulung	DM pro Tag:	Tage:
Projektdefinitionsphase	DM pro Tag:	Tage:
Wartungskosten pro Jahr	% der Lizenzkosten	

5.3 Service

Service	
Schulungsmaterialien	O schriftliche Unterlagen O Online-Demos O umfassende Beispiele O in deutsch O in englisch O sonst:
Unterstützung	O Hotline O Fernwartung O 24h-Service O sonst:

5. Auswertung der Befragungsergebnisse

Die Darstellung der Auswertungsergebnisse erfolgt analog zur Struktur des Fragebogens. Die Auswertung startet mit dem Kern der Befragung, den inhaltlichen Funktionalitäten (Kapitel 5.1). Anschließend werden die erfüllten methodischen Funktionalitäten vorgestellt (Kapitel 5.2). In Kapitel 5.3 wird das jeweils notwendige IT-Umfeld für den reibungslosen Einsatz der CRM-Software aufgezeigt. Daran schließt sich in Kapitel 5.4 die Auswertung der von den Anbietern offerierten Serviceleistungen an. Kapitel 5.5 faßt unternehmensspezifische Daten hinsichtlich des Softwareangebotes zusammen.

5.1 Inhaltliche Funktionalitäten

Die Auswertung erfolgt für jeden der Funktionalitätsbereiche (Kapitel 5.2.1 – 5.2.8) einheitlich nach folgendem Schema. Zunächst wird jeweils eine Übersichtsgrafik gegeben, welche die Anbieterdurchdringung einzelner Funktionen zeigt. Die Anbieterdurchdringung ist dabei definiert als Anzahl derjenigen Anbieter, welche die Funktionalität anbieten im Verhältnis zur Gesamtanzahl der befragten Anbieter. Anschließend verdeutlicht eine Tabelle, welche Funktionalität von welchem Anbieter erbracht wird. Darauf folgt der Bewertungsteil. Hier wird jede Funktionalität erläutert, und es werden jeweils die wesentlichen Kriterien und Erfolgsfaktoren dargestellt, die für eine erfolgreiche Einführung der Funktionalität zu beachten sind. Damit soll den Nutzern der Marktstudie ein Leitfaden gegeben werden, was bei der konkreten Detailauswahl entscheidend ist. Zudem werden die Funktionalitäten nach Muß-/Soll-Funktionalität, Nice-to-Have-Funktionalität und tendenziell ausgliederbare Funktionalität kategorisiert.

Zur Kategorie "Tendenziell ausgliederbare Funktionalität" ist folgender Hintergrund zu liefern: Tendenziell fahren Unternehmen damit besser, die Software aus einer Hand nachzufragen, um zusätzliche Schnittstellen- und Koordinationsprobleme zu vermeiden. Zu tendenziell ausgliederbaren Funktionalitäten zählen diejenigen, mit deren Realisierung Unternehmen in vielen Fällen durchaus einen weiteren, auf diese Funktionalität spezialisierten Anbieter ohne Qualitätsverlust beauftragen könnten. Dies sind vorrangig Funktionalitäten, für deren erfolgreiche Realisierung eine maßgeschneiderte Lösung auf Basis von Experten-Know-how notwendig ist. Diese Lösungen können in der Regel auch stand-alone betrieben werden und es existieren wenige, klar definierte Schnittstellen zu den anderen Komponenten des CRM-Systems existieren. Zudem werden jeweils Hinweise gegeben, wenn es sich bei der Funktionalität nicht um eine technisch oder konzeptionell einfache Standardfunktionalität, sondern um eine Spezialfunktionalität handelt, deren Umsetzung tiefgreifendes konzeptionelles und technisches Detailwissen erfordert. Anzumerken ist, daß die Kategorisierungen Tendenzaussagen darstellen und aufgrund des jeweils kundenindividuellen Unternehmenskontextes nicht als allgemeingültig aufzufassen sind.

Darauf hinzuweisen ist, daß die in Kapitel 2.3 dargestellten allgemeinen Erfolgsfaktoren bei der Einführung von CRM-Systemen gleichsam für alle im folgenden behandelten Funktionalitäten gelten.

Insgesamt ist anzumerken, daß die individuelle Ausgestaltung den Nutzen des CRM-Systems erhöht, auf der anderen Seite aber die Kosten steigen läßt. Deshalb ist jeweils unternehmensindividuell ein Kompromiß hinsichtlich der notwendigen Anpassungen zu finden.

5.1.1 Vertriebsmanagement / CAS

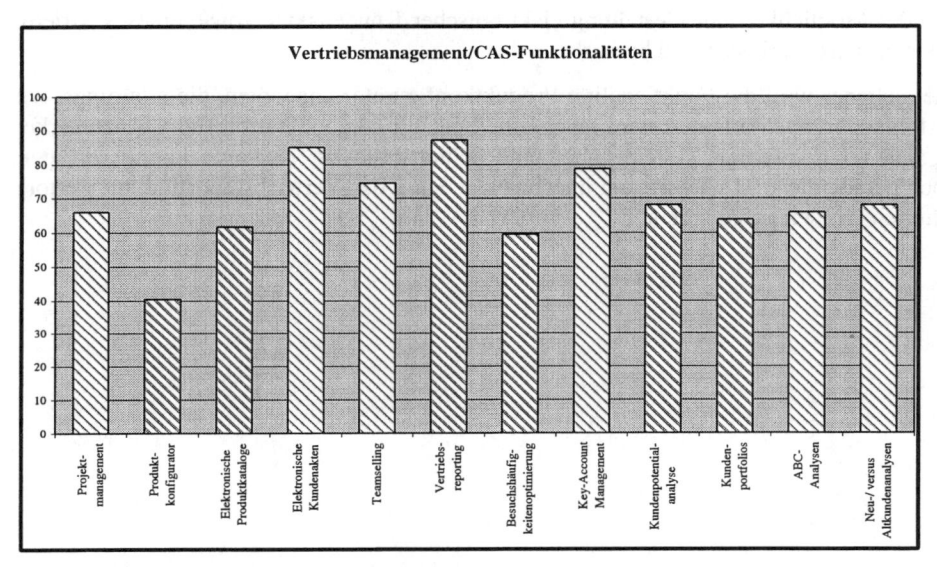

Abbildung 4: Vertriebsmanagement (I)

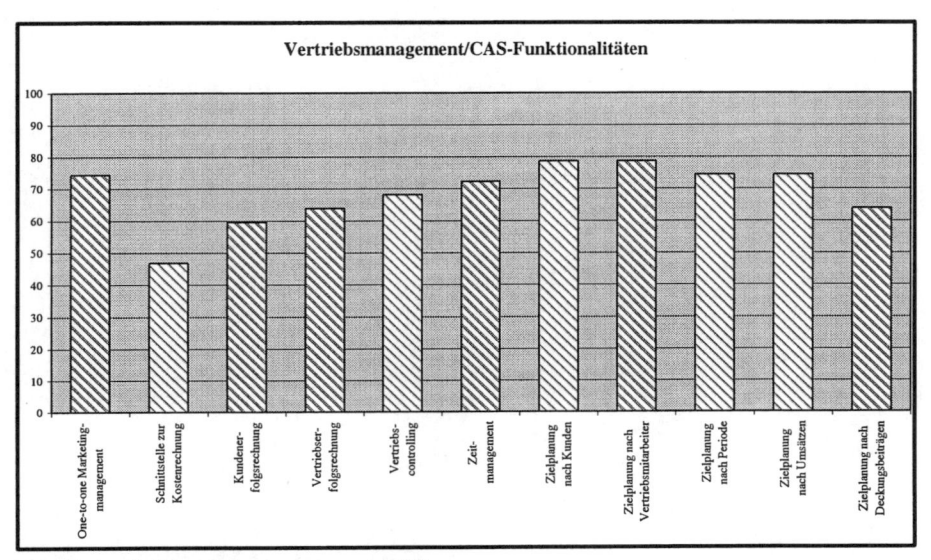

Abbildung 5: Vertriebsmanagement (II)

Der Sub-Kategorie Vertriebsmanagement/CAS gehören im wesentlichen Funktionalitäten an, die zu der in Kapitel 2.3 erläuterten Hauptgruppe der Instrumente zur Prozeßverbesserung in der Kundenbearbeitung zu zählen sind.

Insgesamt zeigt sich, daß die Funktionalitäten der Gruppe Vertriebsmanagement/CAS die Anbieter relativ gut durchdrungen haben. Insbesondere etabliert sich das Vorhandensein der Möglichkeit der Gestaltung elektronischer Kundenakten sowie eines Vertriebsreportings als Marktstandard heraus.

Eher seltener wird die Funktionalität Produktkonfigurator angeboten, die allerdings, wie im folgenden noch erläutert wird, auch eine Spezialfunktionalität darstellt. Anzumerken ist, daß relativ wenige Systeme über eine Schnittstelle zur Kostenrechnung verfügen. Doch gerade diese ist wichtig, um in effizienter Form das Vertriebsreporting mit wertorientierten Größen aufzuwerten.

Inhaltliche Funktionalitäten 49

	Vertriebsmanagement/CAS-Funktionalitäten					
	Projekt-management	Produkt-konfigurator	Elektronische Produktkataloge	Elektronische Kundenakten	Teamselling	Vertriebs-reporting
Ackerschott	X		X	X	X	X
Applix GmbH			X	X	X	X
audius GmbH	X	X	X	X	X	X
bit by bit Software AG				X	X	
bowi GmbH	X	X	X	X	X	X
brainware.crm AG	X	X		X	X	X
camos GmbH	X	X	X	X		X
CAS Software AG	X			X	X	
CCC GmbH	X			X		X
CINCOM		X	X	X	X	X
Clarfiy GmbH	X	X	X	X	X	X
Cobra GmbH				X		X
Cognos GmbH			X			X
combit GmbH	X			X	X	X
CompAS GmbH	X	X				X
CSB-SYSTEM AG	X			X	X	X
Cursor Software AG	X	X	X	X	X	X
Dolphin GmbH	X		X			X
EHP Informatik GmbH				X		
FirePond GmbH	X	X	X	X	X	X
FJA AG		X	X	X	X	X
GODEsys GmbH	X	X	X	X	X	X
Grutzeck-Software GmbH				X	X	X
mediaCo - A.R. Stachorski	X			X	X	X
msp systems gmbh	X	X	X	X	X	X
myview technologies		X	X	X		
NetConsult GmbH	X			X		X
OfficeKomfort GmbH	X			X		X
Onlinepartners.de GmbH				X		X
oPen Software GmbH				X	X	X
Orbis GmbH	X	X	X	X	X	X
ORGAPLAN Software GmbH			X	X	X	X
PAVONE AG	optional			X	X	X
PLANWARE		X	X			
Point GmbH	X	X	X	X	X	X
PTV GmbH						
Regware GmbH	X		X	X	X	X
Saratoga Systems GmbH	X		X	X	X	X
schmidt e-services GmbH	X			X	X	X
Selligent SA	X	X	X	X	X	X
Siebel Systems GmbH	X	X	X	X	X	X
SMF KG				X	X	X
SuperOffice GmbH	X			X	X	X
TDV GmbH		X	X		X	X
Team4 GmbH	X		X	X	X	X
teamware GmbH	X			X	X	X
UNiQUARE GmbH	X			X	X	X

Tabelle 1: Vertriebsmanagement (I)

	Vertriebsmanagement/CAS-Funktionalitäten					
	Besuchshäufig-keitenoptimierung	Key-Account Management	Kundenpotential-analyse	Kunden-portfolios	ABC-Analysen	Neu-/ versus Altkundenanalysen
Ackerschott	X	X	X	X	X	X
Applix GmbH	X	X	X	X	X	X
audius GmbH	X	X	X	X	X	X
bit by bit Software AG						
bowi GmbH	X	X	X	X	X	X
brainware.crm AG	X	X	X	X	X	X
camos GmbH		X				
CAS Software AG		X		X		X
CCC GmbH	X	X	X	X	X	X
CINCOM		X	X	X	X	X
Clarfiy GmbH		X	X	X	X	X
Cobra GmbH						
Cognos GmbH			X		X	X
combit GmbH		X			X	X
CompAS GmbH	X	X	X	X	X	X
CSB-SYSTEM AG		X		X	X	X
Cursor Software AG		X	X	X	X	X
Dolphin GmbH		X				
EHP Informatik GmbH						
FirePond GmbH	X	X	X	X		X
FJA AG	X	X	X	X		
GODEsys GmbH	X	X	X	X	X	
Grutzeck-Software GmbH	X		X	X	X	X
mediaCo - A.R. Stachorski	X	X	X	X	X	X
msp systems gmbh	X	X	X	X	X	X
myview technologies		X				
NetConsult GmbH	X	X	X			X
OfficeKomfort GmbH		X				
Onlinepartners.de GmbH	X	X	X	X	X	X
oPen Software GmbH		X				
Orbis GmbH	X	X	X	X	X	X
ORGAPLAN Software GmbH	X	X	X	X	X	X
PAVONE AG	X	optional	optional		optional	
PLANWARE						
Point GmbH	X	X	X	X	X	X
PTV GmbH	X					
Regware GmbH		X	X	X	X	X
Saratoga Systems GmbH	X	X	X		X	X
schmidt e-services GmbH	X	X	X	X	X	
Selligent SA	X	X	X	X	X	X
Siebel Systems GmbH		X	X	X	X	X
SMF KG	X	X	X	X	X	X
SuperOffice GmbH	X	X	X	X	X	X
TDV GmbH						X
Team4 GmbH	X	X	X	X	X	X
teamware GmbH			X		X	
UNiQUARE GmbH	X	X	X	X	X	X

Tabelle 2: Vertriebsmanagement (II)

Inhaltliche Funktionalitäten 51

	Vertriebsmanagement/CAS-Funktionalitäten				
	One-to-one Marketing-management	Schnittstelle zur Kostenrechnung	Kundener-folgsrechnung	Vertriebser-folgsrechnung	Vertriebs-controlling
Ackerschott	X	X	X	X	X
Applix GmbH	X		X	X	X
audius GmbH	X	X	X	X	X
bit by bit Software AG	X				
bowi GmbH	X	X	X	X	X
brainware.crm AG	X		X	X	X
camos GmbH					
CAS Software AG	X	X		X	
CCC GmbH			X	X	
CINCOM		X	X	X	X
Clarfly GmbH	X				X
Cobra GmbH	X				
Cognos GmbH			X	X	X
combit GmbH	X				
CompAS GmbH	X		X	X	X
CSB-SYSTEM AG	X	X	X	X	X
Cursor Software AG	X		X	X	X
Dolphin GmbH					
EHP Informatik GmbH	X	X			
FirePond GmbH	X	X			
FJA AG	X	X	X		X
GODEsys GmbH					
Grutzeck-Software GmbH	X		X	X	X
mediaCo - A.R. Stachorski	X	X	X	X	X
msp systems gmbh	X	X	X	X	X
myview technologies	X				
NetConsult GmbH	X			X	
OfficeKomfort GmbH					
Onlinepartners.de GmbH	X	X	X	X	X
oPen Software GmbH					X
Orbis GmbH	X	X	X	X	X
ORGAPLAN Software GmbH	X	X	X	X	X
PAVONE AG	X	X		X	X
PLANWARE					
Point GmbH	X	X	X	X	X
PTV GmbH					
Regware GmbH	X	X	X	X	X
Saratoga Systems GmbH	X		X	X	X
schmidt e-services GmbH	X				X
Selligent SA	X	X	X	X	X
Siebel Systems GmbH	X	X	X	X	X
SMF KG	X		X	X	X
SuperOffice GmbH	X	X	X	X	X
TDV GmbH			X	X	X
Team4 GmbH	X	X	X	X	X
teamware GmbH					X
UNiQUARE GmbH	X	X	X	X	X

Tabelle 3: Vertriebsmanagement (III)

	Vertriebsmanagement/CAS-Funktionalitäten					
	Zeit-management	Zielplanung nach Kunden	Zielplanung nach Vertriebsmitarbeiter	Zielplanung nach Periode	Zielplanung nach Umsätzen	Zielplanung nach Deckungsbeiträgen
Ackerschott	X	X	X	X	X	X
Applix GmbH	X	X	X	X	X	X
audius GmbH	X	X	X	X	X	X
bit by bit Software AG						
bowi GmbH	X	X	X	X	X	X
brainware.crm AG	X			X	X	X
camos GmbH	X	X	X	X	X	X
CAS Software AG						
CCC GmbH		X	X	X	X	
CINCOM	X	X	X	X	X	X
Clarfiy GmbH	X	X	X	X	X	X
Cobra GmbH						
Cognos GmbH	X	X	X	X	X	X
combit GmbH		X	X	X	X	X
CompAS GmbH	X	X	X	X	X	
CSB-SYSTEM AG	X	X	X	X	X	X
Cursor Software AG	X	X	X	X	X	X
Dolphin GmbH	X	X				
EHP Informatik GmbH						
FirePond GmbH	X	X	X	X	X	X
FJA AG	X	X	X			
GODEsys GmbH	X	X	X	X	X	X
Grutzeck-Software GmbH	X	X	X	X	X	
mediaCo - A.R. Stachorski	X	X	X	X	X	X
msp systems gmbh	X	X	X	X	X	X
myview technologies						
NetConsult GmbH	X	X	X	X		
OfficeKomfort GmbH						
Onlinepartners.de GmbH	X	X	X	X	X	X
oPen Software GmbH	X	X	X	X	X	X
Orbis GmbH	X	X	X	X	X	X
ORGAPLAN Software GmbH	X	X	X	X	X	X
PAVONE AG		X	X	X	X	
PLANWARE						
Point GmbH	X	X	X	X	X	X
PTV GmbH						
Regware GmbH		X	X	X	X	X
Saratoga Systems GmbH	X	X	X	X	X	X
schmidt e-services GmbH	X					
Selligent SA	X	X	X	X	X	X
Siebel Systems GmbH	X	X	X	X	X	X
SMF KG						
SuperOffice GmbH	X	X	X	X	X	X
TDV GmbH	X	X	X	X	X	X
Team4 GmbH	X	X	X	X	X	X
teamware GmbH		X	X			
UNIQUARE GmbH	X	X	X	X	X	X

Tabelle 4: Vertriebsmanagement (IV)

Projektmanagement

Diese Funktionalität beinhaltet die Verwaltung und Planung von Projekten im Kundenmanagement, wie z. B. eine Werbekampagne. Sie ist häufig eng angelehnt an am Markt erhältlicher Standardsoftware.

Diese Funktionalität stellt eine Standardanforderung dar, die auch in anderen Bereichen Anwendung findet. Da sich in diesem Bereich für verschiedene Anwendungsgebiete offene Standardsoftware, wie z. B. MS Project, etabliert hat, sollte das System über eine entsprechende Schnittstelle verfügen, sofern im Unternehmen bereits Projektmanagementsoftware Anwendung findet. Kundenindividuelle Detailanpassungen sind in der Regel nicht erforderlich, da Projektmanagement ein relativ klar umrissenes, einheitliches Feld darstellt. Diese Funktionalität stellt somit zumeist eine Soll-Funktionalität dar.

Produktkonfigurator

Ein Produktkonfigurator dient der individuellen Angebotsgestaltung, insbesondere wenn eine Vielzahl von Varianten einer Grundleistung, wie z. B. in der Möbelbranche, als für den Kunden optimales Produkt in Frage kommen.

Diese Funktionalität wird nur in relativ wenigen CRM-Systemen im Standardset angeboten. Sie stellt auch eine diffizile Funktionalität dar, für deren Entwicklung im Hinblick auf einen effizienten und effektiven Einsatz sehr viel Spezial-Know-how erforderlich ist. In der Regel ist die konkrete Ausgestaltung eines Produktkonfigurators eine Spezialanfertigung, die auf Basis einer Plattform an die individuellen Bedürfnisse des Unternehmens angepaßt ist. Zudem ist die zugrunde liegende Preislogik detailliert zu untersuchen, damit dadurch keine, beim Kunden häufig Unzufriedenheit auslösende Strukturbrüche auftreten. Die Preislogik ist ebenso mit den Kostendaten abzugleichen, damit die Kalkulation stimmig ist.

Unternehmen ist hier zu empfehlen, sofern diese Funktionalität benötigt wird, auf einen dieser Spezialanbieter zurückzugreifen, selbst wenn geplant ist, weitere Funktionalitäten mit dem Produkt eines anderen Anbieters umzusetzen. Damit stellt der Produktkonfigurator eine tendenziell ausgliederbare Funktionalität dar. Zur Integration sind entsprechende Schnittstellen zu schaffen. In der einfachsten Form kann darauf sogar verzichtet werden, wenn der Konfigurator als reines Präsentations- und Kundeninformationsmedium genutzt wird. In höheren Ausgestaltungsstufen, die den Mehrwert des Konfigurators deutlich erhöhen, ist eine Verlinkung zumindest zur Kundendatenbank wünschenswert, damit in der Kundenhistorie effizient nachgehalten werden kann, welcher Kunde welches Angebot bereits nachgefragt hat. Auf technischer Seite ist aus den oben dargestellten Gründen eine Schnittstelle zur Kostenrechnung und zur Preisliste sinnvoll, um unmittelbar Informationen über den Preis der gewünschten Konfiguration des Produktes vorzuhalten. Insbesondere bei Maßanfertigungen sollte die Vernetzung bis hin zum PPS- und SCM-System sowie zur Buchhaltung reichen, um zeitnah die Produktion des Kundenauftrags einleiten zu können und notwendige administrative Vorgänge, wie z. B. die Rechnungsstellung in Gang zu setzen. Sofern Produktkonfiguratoren in der Kundenbearbeitung sinnvoll angewendet werden können, stellen sie in Abhängigkeit des Unternehmenskontextes eine Soll- oder eine Nice-to-have-Funktionalität dar.

Elektronische Produktkataloge

Diese Funktionalität beinhaltet die Gestaltung von Produktkatalogen eines Unternehmens auf elektronischen Medien.

Elektronische Produktkataloge werden häufig von Unternehmen bereits eingesetzt. Oftmals ist lediglich eine Überarbeitung notwendig, um Design und Funktionalität entsprechend des aktuellen Standes der Technik aufzuwerten. Insbesondere zu Design- und Übersichtlichkeitsfragen bietet es sich an, Spezialisten, z. B. eine Werbeagentur hinzuzuziehen. Technisch ist die Gestaltung elektronischer Produktkataloge weniger komplex. Sofern Produkte in verschiedenen Varianten hergestellt werden können, ist eine Verknüpfung des elektronischen Produktkatalogs mit einem Produktkonfigurator sinnvoll.

Unternehmen sollten zudem darauf achten, daß eine Lösung geschaffen wird, bei der erforderliche Anpassungen z. B. durch Produktinnovationen, relativ aufwandsarm von eigenen Mitarbeitern vorgenommen werden können.

Elektronische Kundenakten

Elektronische Kundenakten bezeichnen die strukturierte Zusammenfassung aller über eine Kundenbeziehung relevanten Informationen in einem elektronischen Ordner. Der Informationsgehalt sollte dabei über die in der Kundendatenbank gespeicherten Merkmale hinausgehen und beispielsweise die Dokumente der Korrespondenz mit dem Kunden enthalten.

Diese Funktionalität sollte an die Kundendatenbank angegliedert sein, um die Datenintegrität zu wahren. In der elektronischen Kundenakte sollten zudem alle im Unternehmen gängigen Dateiformate reibungslos verwaltet werden können. Des weiteren sollte es möglich sein, elektronische Kundenakten problemlos über die im Unternehmen zur Verfügung stehenden Kommunikationsmedien übertragen zu können. Beispielsweise muß der Außendienstmitarbeiter in der Lage sein, bei Bedarf aufwandsarm und selbständig elektronische Kundenakten in ihrem aktuellen Stand abrufen zu können. Als Nebenbedingung sind hier somit entsprechende Anforderungen an die methodischen Funktionalitäten Workflow- und Replizierfähigkeit zu stellen.

Ebenso ist auf die Möglichkeit einer offenen Gestaltbarkeit zu achten. Das bedeutet, daß nicht die Software die grundsätzlich zu erfassenden Informationen vorschreibt, sondern sich die Ausgestaltung nach den individuellen Unternehmenserfordernissen richtet sollte. Außerdem müssen einfache strukturelle Anpassungen vom Unternehmen selbständig durchführbar sein, wenn z. B. eine veränderte Marktlage die Erfassung weiterer oder anderer Informationen erforderlich macht. In der Regel stellen elektronische Kundenakten eine Soll-Funktionalität dar.

Teamselling

Die Funktionalität Teamselling ergibt sich aus der Schlußfolgerung, daß aufgrund veränderter Marktanforderungen der einzelne Vertriebsmitarbeiter nicht mehr als Einzelkämpfer auftreten kann, um am Markt maximalen Erfolg zu erzielen. Das bedeutet, daß Mitarbeiter des Vertriebsinnen- und -außendienstes in Netzwerken zu Teams zusammengefaßt werden. Wichtig ist die strukturierte Marktbearbeitung im Team und der effiziente Informationsaustausch zwischen den Teammitgliedern, z. B. über Marktneuheiten.

Zu beachten ist, daß Teamselling einen sehr dehnbaren Begriff darstellt. Im Grunde kann schon von Teamselling gesprochen werden, wenn die Software das Kriterium der Mehrbenutzerfähigkeit erfüllt. Jedoch wird dadurch nur ein passiver Datenaustausch realisiert, der nur auf Initiative des einzelnen Vertriebsmitarbeiters erfolgt. Ein aktives Teamselling ist durch entsprechende Groupware- und Workflow-Funktionalitäten zu unterstützen. Dabei sollten Groupware- und Workflow- zu Groupflowfunktionalitäten verschmolzen werden, um den unterschiedlichen Strukturierungsgraden der Geschäftsprozesse in Marketing, Vertrieb und Kundenservice gerecht zu werden. Die Funktionalität Workflowfähigkeit wird noch im Rahmen der Vorstellung der methodischen Funktionalitäten erläutert.

Die erfolgreiche Einführung der Funktionalität Teamselling hängt somit stark von der Güte der Ausgestaltung der methodischen Funktionalität Workflowfähigkeit ab, damit effizient und vollständig die Informationen im Vertriebsteam verteilt werden. Trotz des Teamgedankens sind nicht alle Informationen für alle Mitglieder des Teams relevant, so daß die Installation automatischer Filter möglich sein muß, um ineffiziente und ineffektive Informationsüberflutungen einzelner Teammitglieder zu vermeiden. Sofern sich im Unternehmen der Vertrieb auf Basis der Idee des Teamsellings gestaltet, ist diese Funktionalität eine Soll-Funktionalität bei Einführung eines CRM-Systems.

Vertriebsreporting

Die Funktionalität Vertriebsreporting kann sowohl auf Basis qualitativer als auch quantitativer Daten ausgestaltet werden. In der qualitativen Form erfolgt eine Berichterstattung über Lage und Besonderheiten der gegenwärtigen Vertriebssituation des Unternehmens. Dies geschieht in der einfachsten Form mit Hilfe einer Sammlung von Berichten der Vertriebsmitarbeiter. Das kann schnell zu einer kontraproduktiven Verbürokratisierung führen, die den Zielen der Effizienz- und Effektivitätsverbesserungen entgegenwirken. Die quantitative Ausgestaltung setzt auf der Vertriebserfolgs- und der Kundenerfolgsrechnung auf. Beiden Ausgestaltungsformen ist das Ziel gemeinsam, Aussagen für die Verbesserung der Vertriebssteuerung abzuleiten. Zu beachten ist, daß die Funktionalität des Vertriebsreporting/-controlling im Grenzbereich zu Funktionalitäten von Controlling- und Kostenrechnungssoftwaresystemen liegt.

Für die qualitative Form des Vertriebsreporting sollte die Software lediglich eine offene Plattform vorsehen, da die Erfordernisse für die konkrete Ausgestaltung bei den Unternehmen stark variieren. Da diese Funktionalität in vielen Unternehmen bereits realisiert ist, ist darauf zu achten, daß systemseitig weitestgehend die bestehenden Komponenten eingebunden werden. Zudem sollte wiederum eine Schnittstelle geschaffen werden, um bei den Unternehmen bereits realisierte Lösungen integrieren zu können. In der quantitativen Ausgestaltung erweisen sich neben Standardberichten Exceptional Reports von Abweichungen, z. B. vom Business-Plan, als effizientes und effektives Instrument, um Besonderheiten aufzudecken und entsprechende Steuerungshinweise zu geben. Darüber können effizient die wesentlichen Informationen kommuniziert werden. Grundsätzliche Hinweise für die Gestaltung von Reports werden ausführlich im Rahmen der Erläuterung Kundenzufriedenheitscontrolling gegeben.

Die konkrete Ausgestaltung des Vertriebsreporting ist wiederum unternehmensindividuell, so daß den Kunden die ihren Anforderungen gerecht werdende, maßgeschneiderte Lösung auf Wusch als Zusatzleistung angeboten werden sollte. In der Standardversion sollte lediglich ein Werkzeug angeboten werden, mit dessen Hilfe der Anwender auch selbst die Datenanalysen durchführen kann. Wichtig ist zudem, daß die Vertriebsreports zur Erkenntnisgewinnung genutzt und die Ergebnisse an den Vertrieb zurückgespielt werden. In der Regel stellt die Realisierung dieser Funktionalität eine Soll-Anforderung dar.

Besuchshäufigkeitenoptimierung

Die Funktionalität der Besuchshäufigkeitenoptimierung errechnet für den Vertrieb, welche Kunden wie oft besucht werden sollten, um einen maximalen Vertriebserfolg zu erzielen.

Entscheidend ist hier, daß die von Unternehmen gewünschten Optimierungsregeln abbildbar sind. Häufig liefern CRM-Systeme dazu auch sinnvolle Vorschlagsvarianten. Nebenbedingung für den erfolgreichen Einsatz ist, daß das System die Ergebnisse in vertretbarer Zeit errechnet und die Ergebnisse effizient weiterleitet. Zumindest die Eingangsparameter der teilweise recht komplexen Berechnungen zur Besuchshäufigkeitenoptimierung sollten klar sein, um eine kaum akzeptierte Black-Box-Lösung zu vermeiden. Besuchshäufigkeitenoptimierung ist tendenziell eine Nice-to-have-Funktionalität.

Key-Account-Management

Key-Account-Management steht für die individuelle Bearbeitung der Großkunden eines Unternehmens. Sie kann als Spezialfall des One-to-One-Marketingmanagements angesehen werden und ist ebenso auf Informationen aus anderen Funktionalitäten des CRM-Systems angewiesen. Im einfachsten Fall liefert ein Ausschnitt aus der Kunden- bzw. Kontaktdatenbank, verbunden mit den entsprechenden elektronischen Kundenakten, die Basis für die Vertriebsmitarbeiter, ein effizientes und effektives Key-Account-Management zu betreiben.

Technisch sollte die Umsetzung des Key-Account-Managements in der einfachen Ausgestaltungsvariante über die Gestaltung entsprechender Views auf die Kundendatenbank regelmäßig keine Probleme bereiten. Zusätzlich sollte ein übergreifendes Lead-Verzeichnis zur Verfügung stehen, um Doppelansprachen zu vermeiden und das Prinzip „One-Face-to-the-Customer" zu gewährleisten, sofern darauf in der Kundenbearbeitung abgezielt wird. Dies gilt auch und dann insbesondere bei bewußt mehreren Ansprechpartnern für einen Kunden, z. B. aufgrund technisch sehr unterschiedlicher Produkte.

Eine weitere Ausgestaltungsform ist die Bereitstellung von Diskussionsplattformen im Intranet des Unternehmens, auf der Vertriebsmitarbeiter ihre Erfahrungen austauschen können. Dieses berührt nicht unmittelbar den Client-Facing-Prozeß zum Key Account, sondern ist ein nützliches Backoffice-Instrument. Allerdings hängt der erfolgreiche Unternehmenseinsatz stark von der Unternehmenskultur ab, inwieweit sich das Intranet neben der Funktion als Kommunikations- auch als Informationsmedium etabliert hat. Abschließend ist zu vermerken, daß das Key-Account-Management in der Regel eine Soll-Funktionalität darstellt.

Die folgenden vier zu behandelnden Funktionalitäten ABC-Analyse, Kundenpotentialanalyse, Neukunden- versus Altkundenanalyse sowie Kundenportfolios werden jeweils zunächst erläutert und anschließend gemeinsam ausgewertet, da zwischen diesen Funktionalitäten interdependente inhaltliche Verflechtungen bestehen.

ABC-Analyse

Die ABC-Analyse ordnet die Kunden hinsichtlich ihrer Bedeutung für den Unternehmenserfolg, welche in der Regel am Umsatzvolumen gemessen wird, in die Kategorien A, B und C ein.

Kundenpotentialanalyse

Im Rahmen der Kundenpotentialanalyse wird gegenübergestellt, mit welchen Kunden derzeit welche Umsätze realisiert und wie hoch die Umsätze in Zukunft sein könnten. Sie unterstützt also auch die Umsatzplanung im Kundenmanagement.

Neukunden- versus Altkundenanalyse

Die Neukunden- versus Altkundenanalyse führt die beschriebenen Funktionalitäten der ABC- und der Kundenpotentialanalyse sowie der Kundenportfolios für Neu- und Altkunden im Vergleich durch. Zudem werden bei dieser Analyse Kennzahlen im Querschnitt, z. B. über Produktbereiche, oder im Längsschnitt über die Zeit gebildet. Dies sind Kennzahlen wie Anzahl an Neukunden versus Anzahl an Altkunden, Umsatz mit Neukunden versus Umsatz mit Altkunden oder Vertriebskosten für Neukunden versus Vertriebskosten für Altkunden, nach verschiedenen Kriterien wie Vertriebsgebiete, Produkte etc. aufgesplittet.

Kundenportfolios

Kundenportfolios stellen die graphische Aufbereitung der Analyseergebnisse der Vertriebssituation eines Unternehmens dar. So können z. B. die Kundenpotentiale jeweils ins Verhältnis zu den kundenspezifischen Vorteilen gegenüber den Wettbewerbern gesetzt werden. Derartige Portfolios unterstützen die Vertriebssteuerung, beispielsweise bei der Verteilung der Vertriebsressourcen auf Kunden.

Die Bereitstellung der vier vorgestellten Funktionalitäten ist in der Regel eine Soll-Anforderung, da sie oftmals Standard-Funktionalitäten für die Planung und Steuerung in der Kundenbearbeitung darstellen. Die für die Durchführung notwendigen Informationen sollten die Analysen aus der Kundendatenbank erhalten. Für aussagekräftige, weitergehende Detailauswertungen sind eventuell Daten aus der Kostenrechnung erforderlich, so daß eine entsprechende Schnittstelle wünschenswert ist.

Da diese Funktionalitäten häufig bereits in Unternehmen eingesetzt werden, ist hier insbesondere auf die Integration dieser Lösungen in neue CRM-Komponenten aus den oben beschriebenen Gründen zu achten. Wichtig ist für diese Funktionalitäten zudem, daß graphische Aufbereitungsmöglichkeiten vorhanden sind, die intuitiv einsichtig und aufwandsarm genutzt werden können. Das vereinfacht die Präsentation, Auswertung und Interpretation der Analyseergebnisse.

Zudem sollten Unternehmen darauf achten, daß zur Weiterentwicklung dieser Analysen in Richtung eines Database Marketing die Anwendung von Data Mining-Verfahren, wie z. B. Clusteranalysen oder Regelgeneratoren, die im entsprechenden Unterpunkt noch im Detail erläutert werden, möglich ist. Zur Kennzahlenanalysen ist es für die aufwandsarme Inbetriebnahme des Systems förderlich, wenn in der CRM-Software vorinstallierte Abfragen als Standard vorhanden sind. Allerdings sollte für den Anwender auch die Möglichkeit gegeben sein, selbständig mit vertretbarem Aufwand neue Kennzahlenabfragen gestalten zu können. Das stellt hinsichtlich der Benutzerfreundlichkeit die Anforderung, daß Abfragen ohne Quellcodeprogrammierung nach Möglichkeit mit Hilfe einer möglichst intuitiv einsichtigen Nutzeroberfläche effizient möglich sind. Anzumerken ist, daß für mehrdimensionale Auswertungen das Vorhandensein der OLAP-Funktionalität empfehlenswert ist, die im folgenden noch vorgestellt wird.

One-to-One-Marketingmanagement

One-to-One-Marketingmanagement beschreibt ein Marketing, welches in der Kundenbearbeitung den Anspruch erhebt, eine kundengruppenindividuelle, in der Idealform auf die Bedürfnisse jedes einzelnen Kunden zugeschnittene Ansprache und Angebotsgestaltung zu ermöglichen.

Dies Funktionalität ist in seiner konkreten Ausgestaltung wiederum sehr dehnbar. Beispielsweise kann auf eine einfache Gruppierung, die sich bereits aus einer ABC-Analyse ergibt, eine differenzierte Kundenbearbeitung erfolgen. Dies stellt jedoch noch keine neuartige Funktionalität dar, sondern beschreibt vielmehr lediglich bereits bekannte Vorgehensweisen. Um ein One-to-One-Marketingmanagment innovativ und effektiv zu gestalten, muß auf Daten der Kundenerfolgsrechung, der Kundenhistorie, der Analyseergebnisse von Data Minimg-Tools etc. zurückgegriffen werden. Das zeigt schon, daß die Konzeption eines effektiven One-to-One-Marketingmanagments sehr aufwendig ist.

CRM-Software bietet hier oftmals die Plattform, zusammengesetzt aus dazugehörigen Instrumenten, wie z. B. Kundendatenbank, elektronische Kundenakten, Tools zum Kampagnenmanagement etc. Aufgrund der Komplexität und den verschiedenen unternehmensindividuellen Anforderungen ist eine Standardlösung kaum denkbar und in der Regel nicht sinnvoll. Hier bedarf es jeweils vor allem der Entwicklung einer schlüssigen inhaltlichen Konzeption, für deren Gestaltung es sich oft anbietet, auf die Unterstützung von Unternehmens- bzw. Organisationsberatern zurückzugreifen. Die Unterstützung eines One-to-One-Marketingmanagement stellt insgesamt eine Soll-Funktionalität dar, sofern im Strategiefindungsprozeß diese Form der Kundenbearbeitung als Leitfunktion festgehalten worden ist.

Schnittstelle zur Kostenrechnung

Eine Schnittstelle zur Kostenrechung ist die Grundvoraussetzung, um die Funktionalitäten Vertriebs- und Kundenerfolgsrechung, Vertriebsreporting in der quantitativen Ausgestaltungsform sowie viele der später erläuterten Funktionalitäten des Data Mining effizient und effektiv einzusetzen.

Diese Funktionalität stellt eine Soll-Funktionalität dar, insbesondere wenn CRM auch zu marktanalytischen Zwecken eingesetzt werden soll. Entscheidend ist die Möglichkeit eines reibungslosen, stabilen Datentransfers zwischen CRM- und Kostenrechnungssoftware.

Für die beiden folgenden Funktionalitäten Kundenerfolgsrechung und Vertriebserfolgsrechung bietet sich aufgrund inhaltlicher Ähnlichkeiten wiederum eine gemeinsame Auswertung an.

Kundenerfolgsrechnung

In einer Kundenerfolgsrechnung werden Umsätze und Kosten einer Periode den Kunden zugeordnet, um den Gewinn pro Kunden ein- oder mehrstufig zu bestimmen. Zudem sollten im Übergang zur Vertriebserfolgsrechung die Kundenergebnisse den einzelnen Vertriebsmitarbeitern zugeordnet werden können. Die Kundenerfolgsrechnung bietet somit eine Controllingfunktion für den Erfolg der Kundenbearbeitung. Für die Realisierung dieser Funktionalität ist zur effizienten Datenversorgung eine entsprechende Schnittstelle zum Kostenrechnungssystem des Unternehmens als Basisvoraussetzung unumgänglich.

Vertriebserfolgsrechnung

In einer Vertriebserfolgsrechung werden Umsätze und Kosten einer Periode den Vertriebsmitarbeitern zugeordnet, um den Gewinn pro Vertriebsmitarbeiter ein- oder mehrstufig zu bestimmen. Sie ermöglicht analog zur Kundenerfolgsrechung, welche Vertriebsmitarbeiter in welchem Maße zum Unternehmenserfolg beitragen. Somit kann die Vertriebserfolgsrechung u. a. auch als Basis für eine leistungsgerechte Entlohnung der Vertriebsmannschaft Anwendung finden.

Für modern geführte, kunden- und marktorientierte Unternehmen sollte die Gestaltung einer Kunden- sowie einer Vertriebserfolgsrechnung eine Soll-Funktionalität darstellen. Zu beachten ist bei der Anbieterauswahl, daß die konzeptionelle Ausgestaltung einer Kundenerfolgsrechnung aufgrund von Kostenverschlüsselungen etc. mit Hilfe einer Standardsoftware in den meisten Fällen nicht lösbar ist. Hier bedarf es in der Regel jeweils nicht nur technischer, sondern auch konzeptioneller Weiterentwicklungen.

Die Ergebnisse der Kundenerfolgsrechnung sind wichtig für das Controlling der Kundenbearbeitung. Da sie zudem einen entscheidenden Einfluß auf die Planung und Steuerung im Unternehmen haben, ist es für Unternehmen häufig empfehlenswert, zusätzlich zum Softwareanbieter spezialisierte Unternehmens- und Organisationsberater mit der inhaltlichen Konzeption und Einführung zu beauftragen. Zudem übernehmen diese Berater auch zumeist den Change-Management-Prozeß. In diesen sind insbesondere die Mitarbeiter im Vertrieb einzubeziehen, da der Erfolg ihrer Arbeit in den Ergebnissen zum Ausdruck kommt und davon oft auch ein Teil ihrer Vergütung abhängt. Hier ist neben der adäquaten inhaltlichen Ausgestaltung entscheidend, eine allgemeine Akzeptanz für die Berechnungsmethode und die Erfolgsrechnungen an sich zu schaffen.

Zeitmanagement

Die Funktionalität des Zeitmanagements unterstützt den Vertriebsmitarbeiter bei der Tages-, Wochen-, Monatplanung etc.

Analog zur Funktionalität Projektmanagement, ist bei der Anbieterauswahl zumeist auf eine entsprechende Schnittstelle für eine direkte Verknüpfung, z. B. mit der Kundendatenbank, zu achten, da derartige Funktionalitäten zumeist bereits eingesetzt werden. Da diese Funktionalität sich in der Regel als nicht als zu komplex darstellt, ist die Einarbeitung in eine neue Softwarekomponente zumeist vertretbar, insbesondere wenn zusätzliche Produktfeatures die Anwendungskomfortabilität erhöhen. Die Funktionalität Zeitmanagement stellt eine Nice-to-have-Funktionalität dar, deren Anwendung im Unternehmen letztendlich von den Vorlieben des individuellen Arbeitstils jedes einzelnen Vertriebsmitarbeiters bzw. Mitarbeiters in der Kundenbearbeitung abhängt.

Zielplanung

Die Zielplanung stellt wiederum eine Funktionalität dar, die im Grenzbereich zu anderen Softwarekomponenten von Planungs- und Controllingsystemen liegt. Sie kann differenziert nach Kunden, Vertriebsmitarbeitern, Perioden, Umsätzen oder Deckungsbeiträgen und in Kombination dieser Kriterien ausgestaltet werden.

Aufgrund der Affinität zu anderen Softwarekomponenten ist wiederum eine entsprechende Schnittstelle zu gestalten, die im Zweifel die Schnittstelle zur Kostenrechnung darstellt. Zudem muß ebenso die Möglichkeit der Integration bereits bestehender Lösungen im Unternehmen bestehen. Ebenso liefert die Zielplanung, verbunden mit einer Abweichungsanalyse, die Basis für im Vertriebsreporting-/controlling zu realisierende Exceptional Reports.

5.1.2 Kundendatenbanken

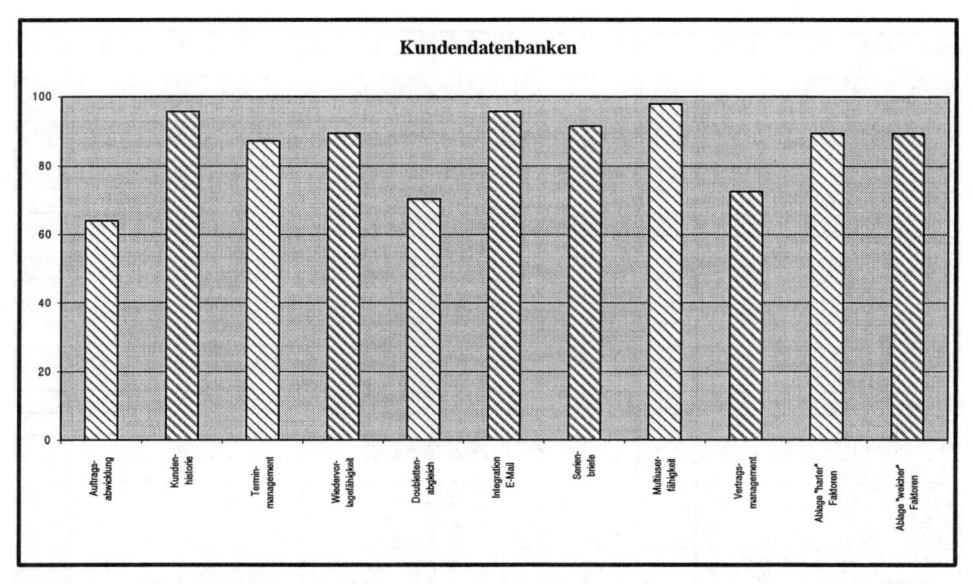

Abbildung 6: Kundendatenbanken

Aufgrund der Bedeutung der Kundendatenbank für ein effizientes und effektives CRM ist es nicht verwunderlich, daß die Funktionalität durchweg eine relativ hohe Anbieterdurchdringung aufweisen.

	Kundendatenbank					
	Auftrags-abwicklung	Kunden-historie	Termin-management	Wiedervor-lagefähigkeit	Doubletten-abgleich	Integration E-Mail
Ackerschott	X	X	X	X	X	X
Applix GmbH		X	X	X		X
audius GmbH	X	X	X	X	X	X
bit by bit Software AG		X		X		X
bowi GmbH	X	X	X	X	X	X
brainware.crm AG	X	X	X	X		X
camos GmbH	X	X	X	X	X	X
CAS Software AG	X	X	X	X		X
CCC GmbH		X	X	X	X	X
CINCOM	X	X	X	X	X	X
Clarfiy GmbH	X	X	X	X		X
Cobra GmbH		X	X	X	X	X
Cognos GmbH			X			X
combit GmbH	X	X	X	X	X	X
CompAS GmbH	X	X	X	X	X	X
CSB-SYSTEM AG	X	X	X	X	X	X
Cursor Software AG	X	X	X	X	X	X
Dolphin GmbH	X	X	X	X		X
EHP Informatik GmbH	X	X	X	X	X	X
FirePond GmbH	X	X	X	X	X	X
FJA AG	X	X	X	X	X	X
GODEsys GmbH	X	X	X	X	X	X
Grutzeck-Software GmbH		X	X	X	X	X
mediaCo - A.R. Stachorski		X	X	X	X	X
msp systems gmbh		X	X	X	X	X
myview technologies	X	X				X
NetConsult GmbH		X	X	X	X	X
OfficeKomfort GmbH	X	X	X	X	X	X
Onlinepartners.de GmbH		X			X	X
oPen Software GmbH	X	X	X	X	X	X
Orbis GmbH	X	X	X	X	X	X
ORGAPLAN Software GmbH		X	X	X		X
PAVONE AG		X	X	X	X	X
PLANWARE						
Point GmbH	X	X	X	X	X	X
PTV GmbH						
Regware GmbH	X	X	X	X	X	X
Saratoga Systems GmbH		X	X	X		X
schmidt e-services GmbH		X	X	X		X
Selligent SA	X	X	X	X	X	X
Siebel Systems GmbH	X	X	X	X	X	X
SMF KG	X	X	X	X	X	X
SuperOffice GmbH		X	X	X	X	X
TDV GmbH	X	X	X	X	X	X
Team4 GmbH	X	X	X	X	X	X
teamware GmbH	X	X	X	X		X
UNiQUARE GmbH	X	X	X	X	X	X

Tabelle 5: Kundendatenbank (I)

Inhaltliche Funktionalitäten 63

	Kundendatenbank				
	Serien-briefe	Multiuser-fähigkeit	Vertrags-management	Ablage "harter" Faktoren	Ablage "weicher" Faktoren
Ackerschott	X	X	X	X	X
Applix GmbH	X	X	X	X	X
audius GmbH	X	X	X	X	X
bit by bit Software AG	X	X		X	X
bowi GmbH	X	X		X	X
brainware.crm AG	X	X	X	X	X
camos GmbH	X	X	X	X	X
CAS Software AG	X	X		X	X
CCC GmbH	X	X		X	
CINCOM	X	X	X	X	X
Clarfiy GmbH	X	X	X	X	X
Cobra GmbH	X	X	X	X	X
Cognos GmbH	X	X		X	X
combit GmbH	X	X		X	X
CompAS GmbH	X	X		X	X
CSB-SYSTEM AG	X	X	X	X	X
Cursor Software AG	X	X	X	X	X
Dolphin GmbH	X	X			
EHP Informatik GmbH	X	X	X	X	X
FirePond GmbH		X	X	X	X
FJA AG	X	X	X	X	X
GODEsys GmbH	X	X	X	X	X
Grutzeck-Software GmbH	X	X	X	X	X
mediaCo - A.R. Stachorski	X	X	X	X	X
msp systems gmbh	X	X	X	X	X
myview technologies		X			
NetConsult GmbH	X	X	X		X
OfficeKomfort GmbH	X	X	X	X	X
Onlinepartners.de GmbH	X	X	X	X	X
oPen Software GmbH	X	X		X	X
Orbis GmbH	X	X	X	X	X
ORGAPLAN Software GmbH	X	X	X	X	X
PAVONE AG	X	X	X	X	X
PLANWARE					
Point GmbH	X	X	X	X	X
PTV GmbH		X		X	X
Regware GmbH	X	X	X	X	X
Saratoga Systems GmbH	X	X	X	X	X
schmidt e-services GmbH	X	X		X	X
Selligent SA	X	X		X	X
Siebel Systems GmbH	X	X	X	X	X
SMF KG	X	X	X	X	X
SuperOffice GmbH	X	X	X	X	X
TDV GmbH	X	X	X	X	X
Team4 GmbH	X	X	X	X	X
teamware GmbH	X	X	X		
UNiQUARE GmbH	X	X	X	X	X

Tabelle 6: Kundendatenbank (II)

Allgemein sind verschiedene Faktoren für die Güte der Kundendatenbank von Bedeutung, die zunächst erläutert werden, bevor auf die einzelnen Funktionalitäten im Detail eingegangen wird.

Die Kundendatenbank stellt das Herzstück einer CRM-Software und liefert die Informationen, ohne die die effektive und effiziente Durchführung vieler andere Funktionalitäten nicht möglich ist.

Kundendatenbanken helfen umfangreiche Informationen über Kunden zu verwalten. Zudem gestatten es Kommunikationstechnologien, wie z. B. E-Mail, die gespeicherten Daten effizient an die Vertriebsmitarbeiter weiterzuleiten. Entscheidend für den Wert einer Kundendatenbank ist dabei der Grad der Erfüllung folgender drei Anforderungen, die auch für die im folgenden beschriebenen Teilfunktionalitäten gelten:

- Konzentration auf wichtige Informationen und Aussieben der nicht-relevanten Daten,
- Erfassung der Informationen auf Basis vordefinierter Ziele,
- Aktualität der Daten,
- Datenintegrität,
- Datenprogrammunabhängigkeit,
- Redundanzfreiheit.

Die genannten Anforderungen sind insbesondere entscheidend für die Effektivität von Kundendatenbanken. Werden die entscheidenden Kundendaten nicht herausgefiltert, resultiert daraus eine Informationsflut, die der Vertriebsmitarbeiter nicht mehr effizient verarbeiten kann. Die Effektivität geht gegen Null, da die Informationen sodann keine Anwendung mehr finden. Zudem ist der effektive Nutzen für die Kundenbearbeitung gering, wenn alle Informationen gleich gewichtet sind und keine Priorisierung auf die kaufentscheidenden Informationen erfolgt. Deshalb sollte die Erfassung der Informationen auf Basis vordefinierter Ziele, wie z. B. die Kaufverhaltensrelevanz der Information, erfolgen. Hier besteht noch Entwicklungsbedarf, da aufgrund der einfacheren Erfassung bisher hauptsächlich harte Faktoren, insbesondere demographische Merkmale, in Kundendatenbanken abgebildet werden. Diese erklären das Kaufverhalten nicht vollständig. Letztendlich ist in immer dynamischeren Märkten die Aktualität der Informationen, in denen diese sich nahezu stündlich ändern können, von Bedeutung. Wenig priorisierende Systeme neigen dazu, dafür zu langsam zu sein, da zu viele Informationen zu verwalten sind und außerdem aufgrund der mangelnden Verhaltensrelevanz der Informationen ein extremer, überflüssiger Aktualisierungsbedarf entsteht.

Zudem sind Standardabfragemöglichkeiten zu installieren, die zum einen den Nutzer vordefinierte Abfragen zur Verfügung stellen und zum anderen die selbständige Gestaltung von Abfragen erlauben. Zu berücksichtigen ist, daß die eigene Gestaltung von Abfragen möglichst einfach und effizient durchführbar ist, also ohne Quellcodeprogrammierung und nach Möglichkeit mit Unterstützung eines grafischen Visualisierungswerkzeuges. Die Eigengestaltung von Abfragen ist insofern wichtig, da aufgrund der unterschiedlichen Anforderungen der Unternehmen nur ein Teil an benötigten Abfragen im Vorfeld antizipiert werden kann. Im Zeitverlauf zeigt sich der Bedarf für neue Abfragen, welche die Effizienz und Effektivität im Kundenmanagement erhöhen helfen.

In technischer Hinsicht ist zu berücksichtigen, daß viele Unternehmen bereits über eine Kundendatenbank verfügen. Deshalb sind die Möglichkeiten der Integration der Kundendatenbank in die CRM-Software sowie darauf aufsetzend weiterführende Entwicklungen auf Basis der oben skizzierten Ziele zu gewährleisten. Unternehmen die eine Kundendatenbank bisher gar nicht oder nur rudimentär realisiert haben, sollten eine CRM-Software wählen, die eine Standardlösung als Basis zur Verfügung stellt. Diese sollte eine Auswahl an Standardfeldern und Transaktionen zur Verfügung stellen und es dem Unternehmen selbständig erlauben, effizient eigene Felder und Abfragen hinzuzufügen.

Auftragsabwicklung

Mit Hilfe der Funktionalität Auftragsabwicklung wird der jeweilige Bearbeitungsstand eines Kundenauftrages festgehalten. Sie kann u. a. zur internen Auftragsfortschrittskontrolle und als Kundenserviceleistung bei etwaigen Nachfragen zum Liefertermin genutzt werden. Zudem kann die Nachbereitung, wie z. B. das Forderungsmanagement oder die Nachkalkulation, hier auf den festgehaltenen Datenbestand aufsetzen.

Das Vorhandensein dieser Funktionalität ist bei der Anbieterauswahl wichtig und damit häufig eine Soll-Anforderung, wenn das Unternehmen im weitesten Sinne seine Leistungen auf Auftragsbasis am Markt anbietet. Dann sind in der Kundendatenbank entsprechende Informationen zum Bearbeitungsstatus im Sinne eines Tracking & Tracing aufzunehmen. In der Optimalausgestaltung dieser Funktionalität erfolgt dies in automatisierter Abstimmung mit dem PPS-System des Unternehmens. Bei der Integration externer Partner im Rahmen der Auftragsabwicklung ist es wünschenswert, entsprechende Informationen über Service Level Agreements festzuhalten. Abweichungsanalysen bilden sodann die Basis für die Gestaltung von Bonus-/Malus-Systemen.

Kundenhistorie/Kontakthistorie

In der Funktionalität Kundenhistorie/Kontakthistorie werden das Nachfrage-/Bestellverhalten sowie die persönlichen, telefonischen und schriftlichen Kundenkontakte der Vertriebsmitarbeiter festgehalten.

Entscheidend bei der Anbieterauswahl ist es, daß neben einer Vorauswahl an Standardfeldern – deren bedeutendste für ein effizientes Einsteigen in die Software bereits vorgegeben sein sollten bzw. über Zusatzauswahlen angepaßt werden können – die Möglichkeit für den Nutzer besteht, eigene Datenfelder zu definieren. Dies muß wiederum analog zur Gestaltung zusätzlicher Datenbankabfragen intuitiv einsichtig möglich sein. Zudem ist die Möglichkeit der Integration der Daten in Data Mining-Verfahren von Bedeutung. So können die Daten der Kundenhistorie zur Gestaltung von Kundenprofilen genutzt werden. Ebenso eignen sich Kontakt- und Kaufdaten zur Erstellung von Kaufwahrscheinlichkeitsprognosen, die wiederum von Bedeutung für die Durchführung von Direct Mailing-Kampagnen ist.

Terminmanagement

Die Funktionalität des Terminmanagements bietet dem Vertriebsmitarbeiter die Möglichkeit, seine Kundentermine effektiv und effizient zu planen und zu organisieren. Sie kann auch als Anwendung der Funktionalität Zeitmanagement auf die Kundendatenbank verstanden werden.

Grundsätzlich gelten die gleichen Aussagen wie zur Funktionalität Zeitmanagement. Zudem ist es wichtig, daß die Daten des Terminmanagements in die elektronischen Kundenakten eingehen.

Wiedervorlagefähigkeit

Die Funktionalität Wiedervorlagefähigkeit dient zur Verwaltung von Aufgaben. Der Anwender wird u. a. nach von ihm selbst bestimmten Terminen an die Durchführung der Aufgabe erinnert.

Die Funktionalität stellt in der Regel eine Nice-to-have-Funktionalität dar, welche z. B. die geplante, übersichtliche Kundenkontaktierung ermöglicht. Ob sie letztendlich eingesetzt wird, hängt vom individuellen Arbeitsstil des Anwenders ab.

Doublettenabgleich

Mit Hilfe der Funktionalität Doublettenabgleich werden doppelte Adressen in Kundendatenbanken identifiziert. Dies Funktion fördert Effizienz und Effektivität im Kampagnenmanagement, nicht zuletzt weil Kundenunzufriedenheiten aus doppeltem Mailing-Versand vermieden werden.

Der Doublettenabgleich stellt eine Nice-to-Have-Funktionalität dar, die nicht zwangsläufig in der CRM-Software enthalten sein muß. Für die Realisierung des Doublettenabgleichs ist am Markt Spezialsoftware erhältlich, die in der Regel problemlos auf gängige Datenbankformate angewendet werden kann. Zu beachten ist, daß die Güte der erzielten Ergebnisse stark schwanken kann.

Integration von E-Mail

Die Integration von E-Mail bedeutet, daß unmittelbar aus der CRM-Software heraus E-Mails sowohl an Vertriebsmitarbeiter als auch an Kunden versendet werden können.

Dies ist eine Soll-Funktionalität, die nahezu alle CRM-Systeme unterstützen und deren Erfüllung den Anforderungen an moderne Arbeitsplätze gerecht wird. In der Regel wird diese Funktionalität unter Verwendung der für diesen Bereich gängigen Standardsoftware, wie z. B. MS-Explorer, MS-Outlook oder Lotus Notes, umgesetzt.

Serienbriefe

Die Funktionalität Serienbriefe ermöglicht es, auf Basis von Datenbankabfragen an ausgewählte Kunden effizient Mailings zu versenden. Sie stellt eine rudimentäre Anwendung der Funktionalität Kampagnenmanagement dar.

Die Möglichkeit der Gestaltung von Serienbriefen ist in der Regel über eine Verbindung zu Textverarbeitungssoftware, wie z. B. MS-Word, in CRM-Systemen umgesetzt.

Multi-User-Fähigkeit

Die Multi-User-Fähigkeit ist eine Soll-Anforderung, da zumeist mehrere Anwender auf die Kundendatenbank zugreifen müssen. Hier ist bei der Auswahl auf die Performance in Abhängigkeit der User zu achten.

Vertragsmanagement

Die Funktionalität des Vertragsmanagements bezeichnet im Rahmen von CRM-Systemen die DV-gestützte Zusammenfassung und Verwaltung aller Verträge eines Unternehmens, die mit einem Kunden geschlossen worden sind, in einer Datenbank.

Zwangsläufig ist diese Funktionalität nur sinnvoll für Unternehmen, bei denen kundenindividuelle Verträge gestaltet oder stark differenzierende Konditionen gewährt werden. Die Konditionen und Rabatte sollten in entsprechend zur Verfügung stehenden Datenfeldern, ggf. differenziert nach Produkten, festgehalten werden können. Die Konditionen- und Rabattverwaltung stellt oftmals eine Soll-Funktionalität dar.

Zusätzlich aufgewertet wird die Funktionalität Vertragsmanagement, wenn die Originalverträge eingescannt und über eine Dokumentenmanagementsoftware (DMS) verwaltet werden können.

Ablage "harter" und "weicher" Faktoren

Die Ablage "harter" und "weicher" Faktoren zielt darauf ab, in der Kundendatenbank Informationen über Kunden abzulegen, die eine möglichst hohe Kaufverhaltensrelevanz aufweisen. "Harte" Faktoren sind Daten, wie z. B. Umsatz oder Anzahl Bestellungen, "Weiche" Faktoren sind Daten z. B. über Einstellungen der Kunden oder deren Hobbies für Event-Planungen.

Neben der Vorauswahl an Feldern, deren Detailauswahl der Nutzer selber vornehmen können muß, ist es wichtig, daß der Nutzer selbständig ohne großen Aufwand zusätzliche Datenfelder anlegen kann. Wichtig ist wiederum für die Anbieterauswahl, daß diese Daten für die Anwendung in Data Mining-Verfahren genutzt werden können. Denn unter Verwendung dieser Daten können Kundenprofile für die Gestaltung von Kundensegmenten und der Ableitung von Zielgruppen geschaffen werden. Grundsätzlich ist die Möglichkeit der Ablage "harter" und "weicher" Faktoren eine Soll-Funktionalität, die Vielfalt an vorinstallierten Schablonen ist als Nice-to-have-Funktionalität zu bezeichnen.

5.1.3 Customer Service Center

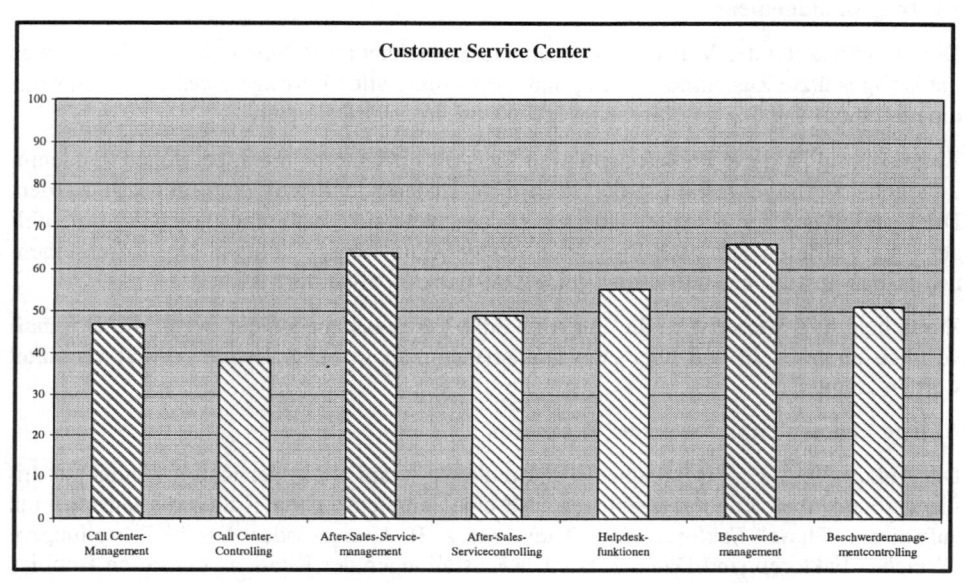

Abbildung 7: Customer Service Center

Die Anbieterdurchdringung der Sub-Kategorie Customer Service Center ist vergleichsweise durchschnittlich. Wünschenswert für diesen Bereich wäre eine Zunahme, da gerade auf diesen Funktionalitäten fußende Serviceleistungen helfen, Unzufriedenheiten der Kunden zu vermeiden bzw. die Kundenzufriedenheit überproportional zu erhöhen. Zudem ist zu bemerken, daß für die technische Realisierung der Call-Center Funktionalitäten Spezialanbieter am Markt aktiv sind, die sich rein auf das Teilgebiet CTI (Computer Telephony Integration) spezialisiert haben.

Inhaltliche Funktionalitäten

	Customer Service Center		After-Sales-			Beschwerde-	
	Call Center-Management	Call Center-Controlling	Service-management	Service-controlling	Helpdesk-funktionen	Management	Management-controlling
Ackerschott	X	X	X	X		X	X
Applix GmbH	X	X	X	X	X	X	X
audius GmbH			X	X	X	X	X
bit by bit Software AG							
bowi GmbH						X	
brainware.crm AG					X	X	
camos GmbH							
CAS Software AG			X		X	X	
CCC GmbH			X				
CINCOM							
Clarfiy GmbH	X	X	X	X	X	X	
Cobra GmbH							
Cognos GmbH							
combit GmbH			X		X	X	
CompAS GmbH			X	X	X	X	X
CSB-SYSTEM AG	X	X	X	X	X	X	X
Cursor Software AG	X	X	X	X		X	X
Dolphin GmbH	X				X		
EHP Informatik GmbH	X	X			X	X	X
FirePond GmbH							
FJA AG	X	X	X	X	X	X	X
GODEsys GmbH			X	X	X	X	X
Grutzeck-Software GmbH	X	X	X	X	X	X	X
mediaCo - A.R. Stachorski	X	X	X				
msp systems gmbh	X		X	X	X	X	X
myview technologies			X		X		
NetConsult GmbH	X		X		X	X	
OfficeKomfort GmbH	X		X		X	X	
Onlinepartners.de GmbH							
oPen Software GmbH							
Orbis GmbH			X	X		X	X
ORGAPLAN Software GmbH	X	X	X	X		X	X
PAVONE AG			X	X	optional	X	X
PLANWARE							
Point GmbH	X	X	X	X	X	X	X
PTV GmbH							
Regware GmbH	X	X	X	X		X	X
Saratoga Systems GmbH	X	X	X	X	X	X	X
schmidt e-services GmbH	X	X	X	X	X	X	X
Selligent SA	X	X	X	X	X	X	X
Siebel Systems GmbH	X	X	X	X	X	X	X
SMF KG					X	X	X
SuperOffice GmbH			X	X	X	X	X
TDV GmbH							
Team4 GmbH	X	X	X	X	X	X	X
teamware GmbH							
UNIQUARE GmbH	X	X	X	X	X	X	X

Tabelle 7: Customer Service Center

Call Center-Management/Call Center-Controlling

Call Center realisieren einen telefonischen Beratungsservice. Dabei handelt es sich um eine Anzahl von Telefonarbeitsplätzen, die zu einer Organisationseinheit zusammengefaßt sind. Zu unterscheiden sind Inbound- und Outbound-Call Center. Bei Call Centern nach dem Inbound-Prinzip ruft der Kunden das Unternehmen an, beim Outbound-Prizip hingegen das Unternehmen des Kunden. Call Center nach dem Inbound-Prinzip werden somit hauptsächlich zur Behebung von auftretenden Anwendungsproblemen, Aufnahme von beschwerden etc. eingesetzt. Call Center nach dem Outbound-Prinzip werden im wesentlichen zu Akquisitionszwecken genutzt, so daß sich eine enge Beziehung zur Funktionalität Telefonmarketing ergibt. Das Call Center-Controlling mißt anhand von Kennzahlen, wie effizient und effektiv das Call Center arbeitet.

Ein entscheidender Erfolgsfaktor für den Betrieb des Call Centers ist die Mitarbeiterqualifikation. Es muß dem Unternehmen gelingen, das Personal insoweit zu schulen, daß adäquat Fragen beantwortet werden können. Unterstützend für die Einarbeitung von Mitarbeitern des Call Centers wirkt hierbei die Realisierung der im folgenden noch diskutierten Funktionalität Helpdesk.

Zudem sind einige technische Detailfunktionalitäten, die unter dem Oberbegriff CTI (Computer Telephony Integration) zusammengefaßt werden, in Call Centern umzusetzen. So sollten Anrufe automatisch an einen freien Call Center-Agenten bzw. weitergeleitet, damit nicht Unzufriedenheiten beim Kunden aus Wartezeiten entstehen. Des weiteren sollten beim Anruf auf dem Bildschirm unmittelbar die für das Gespräch wesentlichen Kundendaten erscheinen.

Das Angebot der Leistungen eines Call Centers nach dem Inbound-Prinzip etabliert sich mehr und mehr zu einem Marktstandard bei der Servicegestaltung komplexer Produkte, so daß sich hier eine Soll-Anforderung ergibt. Die regelmäßige oder zeitweise Nutzung – z. B. im Rahmen von Kampagnen – der Funktionalität Call Center nach dem Outbound-Prinzip hängt von der Vertriebsphilosophie des Unternehmens im Einzelfall ab.

Ein Call Center-Controlling stellt in der Regel eine Soll-Anforderung dar, sofern das Call Center in einem nennenswerten Umfang ausgestaltet ist. Dieses fußt auf zwei Arten von Kennzahlen. Dies sind zum einen Kennzahlen bezüglich des Anrufverhaltens, die unmittelbar dem System zu entnehmen sind. Zur Messung der inhaltlichen Leistungsqualität der Gespräche sind Folgekennzahlen festzuhalten, so z. B. die Kundenzufriedenheit nach Behebung der Beschwerde, Freundlichkeit und Kompetenz der Call Center-Mitarbeiter, unmittelbar akquiriertes Auftragsvolumen oder Anzahl vereinbarter Kundentermine.

Beschwerdemanagement/Beschwerdemanagementcontrolling

Das Reklamations- bzw. Beschwerdemanagement dient zur systematischen Aufnahme von Beschwerden. Die resultierenden Informationen sollten für weitere Auswertungen in einer Datenbank hinterlegt werden. Darauf aufbauend sollen gezielt unzufriedene Kunden angegangen werden, um die Ursachen der Beschwerde abzustellen und die Zufriedenheit des Kunden zu erhöhen. Zudem soll die Erfassung und Auswertung von Beschwerden Anhaltspunkte für die Leistungsverbesserung des Unternehmens insgesamt geben. Das Beschwerdemanagementcontrolling beschäftigt sich mit zwei Fragestellungen. Zum einen ist zu überprüfen, ob auch tatsächlich die Beschwerden das Unternehmen erreichen. Denn eine geringe Anzahl Beschwerden heißt nicht zwangsläufig, daß die Kunden auch tatsächlich mit der Unternehmensleistung zufrieden sind, sondern vielleicht nur, daß die Kunden wenig Möglichkeiten haben, dem Unternehmen ihre Beschwerden mitzuteilen. Zum anderen sind Kennzahlen zur Leistungsverbesserung auf Basis von Beschwerden zu erheben. Diese Informationen gehen in die Funktionalität Kundenzufriedenheitsanalysen ein.

Für die Realisierung dieser Funktion ist eine eigene Datenbankfunktionalität zu entwickeln, die es nach Möglichkeit auch erlaubt, Textdokumente von Beschwerden mit Hilfe eines Dokumentenmanagementsystems zu verwalten. Zudem sollten Kategorien vorgegeben werden, wie z. B. Beschwerde aufgrund unfreundlicher Mitarbeiter, notwendiger Reparaturen etc., bzw. auch selbst vom Nutzer angelegt werden können, um Beschwerden zu systematisieren und konkrete Schwachstellen offen zu legen. Diese Kategorisierung der Beschwerden ist zudem wichtig für die Dokumentation der Entwicklung des Beschwerdeverhaltens. Auf Basis darauf gebildeter Kennzahlen ist ein Beschwerdemanagementcontrolling zu konzipieren, das die Entwicklung des Beschwerdeverhaltens nachhält. Die Ergebnisse sind an die kundenbearbeitenden Stellen wiederum in zusammenfassenden Reports zu kommunizieren. Zur Gestaltung der Reports gelten die gleichen Aussagen wie bei der im folgenden noch diskutierten Funktionalität Kundenzufriedenheitscontrolling.

After-Sales-Servicemanagement/After-Sales-Service-Controlling

Das After-Sales-Servicemanagement gewinnt insbesondere bei komplexen Produkten zunehmend an Bedeutung, da die Kunden nicht mehr nur ein bloßes Produkt, sondern eine komplette Lösung für ihr Problem wünschen. Es beinhaltet das Management von Serviceleistungen, die ein Unternehmen seinen Kunden nach dem eigentlichen Kaufakt gewährt. Beispiele für derartige Serviceleistungen sind Service-Hotlines oder Wartungsarbeiten.

Die Realisierung der Funktionalität After-Sales-Service-Management ist nicht eine sich für allein stehende Lösung, sondern immer ein unternehmensindividuell abgestimmtes Paket verschiedener Leistungen, die dem Kunden nach dem Kauf geboten werden. Die einzelnen Leistungen können sowohl nach dem Hol-, also vom Kunden initiiert, als auch nachdem Bring-Prinzip, also vom Unternehmen initiiert, ausgestaltet werden. An die Realisierung des After-Sales-Service-Management sind insbesondere inhaltliche, konzeptionelle Anforderungen zu stellen insofern, daß die einzelnen Leistungen ein schlüssiges Gesamtkonzept ergeben. Die Erfassung der resultierenden Kundenkontakte sind ebenso in der Kundendatenbank zu hinterlegen. Sofern Unternehmen eine Differenzierungsstrategie in Märkten für erklärungsbedürftige Produkte verfolgen, stellt die Realisierung eines adäquaten After-Sales-Servicemanagement eine Soll-Anforderung dar.

Helpdesk-Funktionen

Helpdesk-Funktionen liefern Informationen bei Problemen z. B. mit der Bedienung eines Produktes. Sie können dabei unterschiedlich ausgestaltet sein. Dies hängt von den Zielanwendern ab. So ist zwischen Helpdesks für Kunden und für Mitarbeiter zu unterscheiden.

In der Regel ist diese Funktionalität eine hilfreiche Nice-to-Have-Funktionalität. Zu beachten ist, daß der Helpdesk tatsächlich auch einen Mehrwert darstellen sollte, so daß die Realisierung in der Regel nur bei komplexen, erklärungsbedürftigen Produkten sinnvoll ist. Ansonsten wird der Helpdesk nicht genutzt, so daß er wirkungslos ist. In der Regel sind Helpdesks Datenbanken, die z. B. Antworten auf sogenannte FAQs (Frequently Asked Questions) liefern. Für die Zielgruppe Kunden bieten sich eine web-basierte Lösung an, auf deren Basis sich die Kunden nach dem Hol-Prinzip selbständig die Informationen zur Lösung des Problems besorgen können. Dies ist zwar die kostengünstigste Ausgestaltungsform, aber hinsichtlich der Kundenzufriedenheit nicht immer die beste.

Zur Maximierung der Kundenzufriedenheit sollte diese Form des Helpdesks nur zusätzlich angeboten werden. Gleichzeitig sollte für Kunden bei Anwendungsproblemen die Möglichkeit gegeben sein, eine Service-Hotline anwählen zu können.

5.1.4 Geo-Marketing

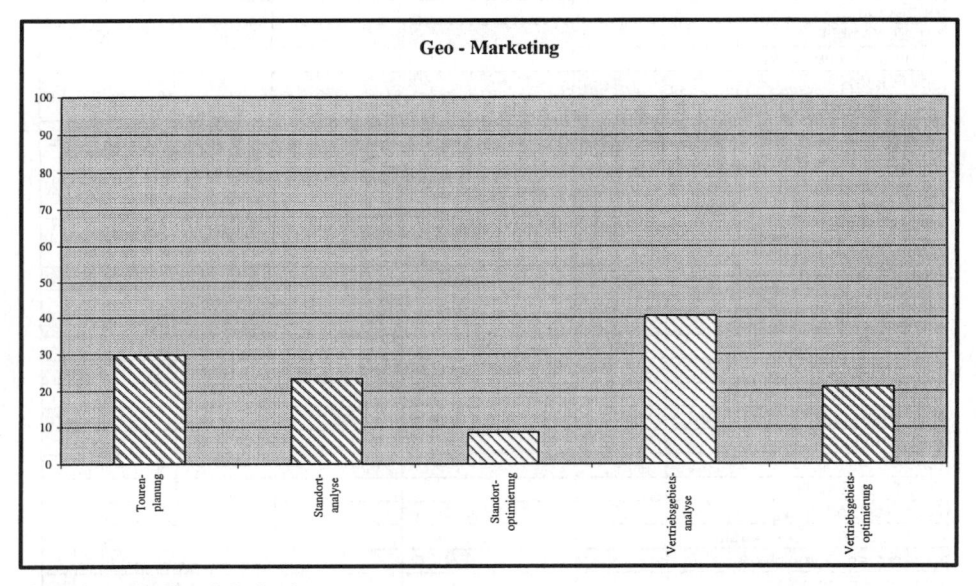

Abbildung 8: Geo-Marketing

Die Funktionalitäten des Geo-Marketing weisen eine vergleichsweise geringe Anbieterdurchdringung auf. Dies liegt zum einen darin begründet, daß es sich um Spezialfunktionalitäten handelt, für die entsprechendes Detail-Know-how benötigt wird und sich infolgedessen Nischenanbieter am Markt positionieren. Zum anderen haben sich gerade die Geo-Marketing-Funktionalitäten schon seit einigen Jahren im unternehmenspraktischen Einsatz etabliert, so daß sich in diesem Bereich Marktstandards hinsichtlich Basisfunktionalitäten herausgebildet haben.

	Geo-Marketing			Vertriebsgebiets-	
	Touren-planung	Standortanalyse	Standort-optimierung	Analyse	Optimierung
Ackerschott	X			X	X
Applix GmbH					
audius GmbH	X			X	X
bit by bit Software AG					
bowi GmbH	X			X	
brainware.crm AG					
camos GmbH					
CAS Software AG	X				
CCC GmbH					
CINCOM					
Clarfiy GmbH				X	X
Cobra GmbH					
Cognos GmbH					
combit GmbH					
CompAS GmbH	X			X	X
CSB-SYSTEM AG	X	X		X	
Cursor Software AG				X	
Dolphin GmbH					
EHP Informatik GmbH					
FirePond GmbH					
FJA AG					
GODEsys GmbH				X	
Grutzeck-Software GmbH	X	X			
mediaCo - A.R. Stachorski		X	X	X	X
msp systems gmbh					
myview technologies					
NetConsult GmbH					
OfficeKomfort GmbH					
Onlinepartners.de GmbH					
oPen Software GmbH	X				
Orbis GmbH				X	
ORGAPLAN Software GmbH					
PAVONE AG		X		X	
PLANWARE					
Point GmbH					
PTV GmbH	X	X	X	X	X
Regware GmbH	X	X	X	X	X
Saratoga Systems GmbH					
schmidt e-services GmbH					
Selligent SA	X	X		X	
Siebel Systems GmbH	X	X		X	
SMF KG	X	X	X	X	X
SuperOffice GmbH					
TDV GmbH	X	X		X	
Team4 GmbH				X	X
teamware GmbH					
UNiQUARE GmbH		X		X	X

Tabelle 8: Geo-Marketing

Die Geo-Marketing-Funktionalitäten beschäftigen sich mit logistischen Fragen der Optimierung der Kundenbearbeitung durch den Außendienst des Unternehmens.

Tourenplanung

Mit Hilfe der Funktionalität Tourenplanung können für die Vertriebsmitarbeiter optimierte Touren für die Reihenfolge der Kundenbesuche geplant werden.

Wichtig ist bei der unternehmenspraktischen Umsetzung dieser Funktionalität, daß über Schnittstellen die organisatorischen Voraussetzungen für den effizienten Einsatz geschaffen werden. Das bedeutet u. a., daß die Vertriebsmitarbeiter diese Funktionalität auch selbständig einsetzen können. Zudem bietet sich eine Verbindung zur Funktionalität Besuchshäufigkeitenoptimierung an, damit auf das Kriterium der optimalen Anzahl an Besuchen im Verhältnis zum Verfügung stehenden Zeitbudget in die Optimierung mit einfließt. Im wesentlichen ist die Tourenplanung auf Effizienzverbesserungen durch Kosteneinsparungen fokussiert. Zum einen sollen Sachkosten, zum anderen die Personalkosten pro Kundenbesuch reduziert werden. Die resultierenden Zeiteinsparungen führen dazu, daß mehr Kundenbesuche in der zur Verfügung stehenden Zeit durchgeführt werden können, was zu Umsatzerhöhungen führen soll. Inwieweit es sich bei dieser Funktionalität um eine Soll-Funktionalität handelt, hängt von der Planungskomplexität der Touren im unternehmensindividuellen Einzelfall ab.

Standortanalyse/-optimierung

Diese Funktionalitäten helfen Unternehmen bei der Optimierung von Standortfragen.

Diese Funktionalitäten müssen nicht zwangsläufig im CRM-System integriert sein. Sie stellen tendenziell ausgliederbare Funktionalitäten dar, da hierzu in der Regel Sonderanalysen bei Bedarf durchgeführt werden. Zu beachten ist allerdings, daß diese Funktionalitäten für eine effiziente und effektive Durchführung viele der im CRM-System abgelegten Daten benötigen.

Vertriebsgebietsanalyse/-optimierung

Diese Funktionalität unterstützt die rein örtliche Optimierung der Einteilung der Vertriebsgebiete in Abhängigkeit von Größen wie Fahrtzeiten und -kosten.

Diese Funktionalität wird zumeist in regelmäßigen Zeitabständen benötigt. Zu beachten ist, daß bei Neuschneidung und damit neuer Zuordnung von Außendienstmitarbeitern zu Vertriebsgebieten insbesondere bei A-Kunden nicht langjährige Kundenbeziehungen durch den Wechsel gefährdet werden. Ebenso wie bei der Funktionalität Tourenplanung hängt die Frage hinsichtlich Soll-Anforderung von der Planungskomplexität ab.

5.1.5 Marktkommunikation

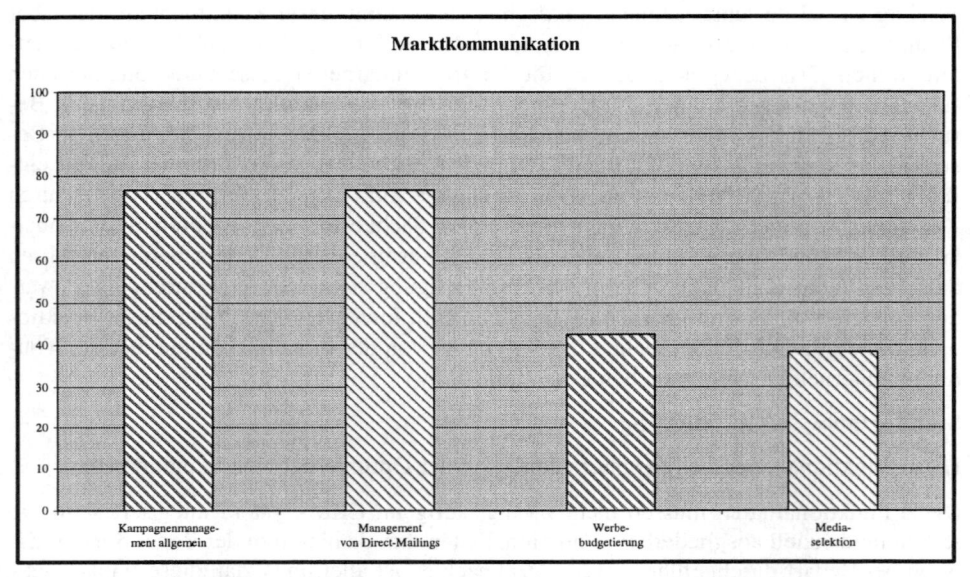

Abbildung 9: Marktkommunikation

Deutlich wird, daß die eher strategischen Funktionalitäten der Marktkommunikation (Werbebudgetierung und Mediaselektion) eine geringere Anbieterdurchdringung als die Funktionalitäten Kampagnenmanagement und das Management von Direct Mailings aufweisen. Dies ist nicht verwunderlich, da diese Aufgaben entweder von anderen Softwaresystemen unterstützt werden (Werbebudgetierung) oder sogar von externen Dienstleistern übernommen werden (Mediaselektion). Im Rahmen der Anwendung der beiden letztgenannten Aufgaben kann zudem hauptsächlich nur auf Effektivitätssteigerungen fokussiert werden, während bei den beiden erstgenannten auch Effizienzverbesserungen im Mittelpunkt stehen können.

Inhaltliche Funktionalitäten

	Marktkommunikation			
	Kampagnenmanagement allgemein	Management von Direct-Mailings	Werbebudgetierung	Mediaselektion
Ackerschott	X	X	X	
Applix GmbH	X	X	X	X
audius GmbH	X	X		
bit by bit Software AG				
bowi GmbH	X	X	X	X
brainware.crm AG	X	X		X
camos GmbH		X		
CAS Software AG	X	X		
CCC GmbH	X	X	X	X
CINCOM				
Clarfiy GmbH	X	X	X	
Cobra GmbH	X	X		
Cognos GmbH		X	X	
combit GmbH	X	X		
CompAS GmbH	X	X	X	X
CSB-SYSTEM AG	X	X		X
Cursor Software AG	X	X	X	X
Dolphin GmbH		X		
EHP Informatik GmbH	X	X	X	X
FirePond GmbH	X			
FJA AG	X	X		
GODEsys GmbH	X	X	X	
Grutzeck-Software GmbH	X	X		
mediaCo - A.R. Stachorski	X	X		X
msp systems gmbh	X	X	X	X
myview technologies				
NetConsult GmbH	X		X	
OfficeKomfort GmbH	X			
Onlinepartners.de GmbH	X	X		
oPen Software GmbH	X			
Orbis GmbH	X	X	X	X
ORGAPLAN Software GmbH	X	X	X	X
PAVONE AG	X	X		
PLANWARE				
Point GmbH	X	X	X	X
PTV GmbH				
Regware GmbH	X	X	X	X
Saratoga Systems GmbH	X	X	X	X
schmidt e-services GmbH	X	X	X	X
Selligent SA	X	X	X	X
Siebel Systems GmbH	X	X	X	X
SMF KG	X	X		
SuperOffice GmbH	X	X		
TDV GmbH		X		
Team4 GmbH	X	X	X	
teamware GmbH				
UNiQUARE GmbH	X	X		X

Tabelle 9: Marktkommunikation

Kampagnenmanagement

Kampagnenmanagement bedeutet die systematische Durchführung von Werbekampagnen im weitesten Sinne. Die Funktionalität beinhaltet sowohl die Zeit- und Kostenplanung der Kampagne im ganzen als auch die Feinplanung der einzelnen Werbemaßnahmen. Neben der Unterstützung dieser taktisch-strategischen Aufgaben bietet die Funktionalität Kampagnenmanagement in CRM-Systemen in der Regel auch die Unterstützung vielfältiger operativer Aufgaben. Dies sind z. B. Lettershop-Funktionalitäten, die es ermöglichen, Mailing-Aktionen weitestgehend automatisiert durchführen zu können.

Sofern Unternehmen Kampagnenmanagement in nennenswertem Unfang betreiben, stellt die Umsetzung dieser Funktionalität eine Soll-Anforderung dar. Insbesondere wenn Direct Mailings gestaltet werden, bei denen Kunden individuell angesprochen werden sollen, ist eine Verbindung zu den Kundenstammdaten der Kundendatenbank notwendige Voraussetzung für eine effiziente Durchführung. Zudem sollte im Optimalfall in der Kundenhistorie auch die „Kampagnen- bzw. Kontakthistorie" festgehalten werden. Diese Historie in Verbindung mit Umsatzdaten liefert eine interessante Datenbasis für vielfältige Auswertungswertungsmöglichkeiten. So können darauf aufbauend Kaufwahrscheinlichkeiten abgeschätzt werden. Zudem sollten Vertriebsmitarbeiter einsehen können, welche Kampagnen gestartet worden sind und welche Kunden welche Mailings erhalten haben. Anzumerken ist, daß – insbesondere wenn umfangreiche Mailing-Aktionen gestartet werden sollen – auf die Leistungsfähigkeit der Letter-Shop-Funktionalitäten zu achten ist.

Management von Direct Mailings

Diese Funktionalität stellt einen Sonderfall der Funktionalität Kampagnenmanagement dar. Allerdings erfolgen Direct Mailings personalisiert. Somit ist auf die Kundenstammdaten der Kundendatenbank zurückzugreifen. Zudem sind die entsprechenden Antwortrückläufe festzuhalten, so daß auch die Kontakthistorie zweifach berührt ist.

Anbieter, welche die Funktionalität Kampagnenmanagement in ihrer Software integriert haben, bieten in der Regel auch das Management von Direct Mailings. Die Besonderheiten dieser Funktionalität wurden bereits bei der vorherigen Funktionalität Kampagnenmanagement diskutiert.

Werbebudgetierung

Mit Hilfe der Funktionalität Werbebudgetierung wird das für ein Produkt bzw. eine Produktgruppe zur Verfügung stehende Werbebudget geplant, verwaltet und kontrolliert.

Diese Funktionalität wird in Unternehmen häufig bereits von anderen Softprogrammen unterstützt. Deshalb ist ggf. eine adäquate Anbindung zu schaffen. Bei Ablösung einer alten Software ist wiederum abzuwägen, ob der Funktionalitätsvorsprung den Umstellungsaufwand rechtfertigt. Anzumerken ist, daß die grundlegende inhaltliche und konzeptionelle Planung, z. B. der optimalen Höhe des Werbebudgets, durch diese Funktionalität nicht vollständig ersetzt wird. Vielmehr erleichtert diese die Planung, z. B. durch Simulationsrechnungen für alternative Werbepläne.

Mediaselektion

Im Rahmen der Funktionalität der Mediaselektion wird das Werbebudget für ein Produkt bzw. für eine Produktgruppe auf verschiedene Werbeträger verteilt. Dazu werden Mediapläne erstellt. Dabei ist zwischen der Inter-Mediaselektion und der Intra-Mediaselektion zu unterscheiden. Die Inter-Mediaselektion trifft die Auswahl zwischen verschiedenen Werbemedien, z. B. Zeitschriften- versus Fernsehwerbung. Daraus aufbauend wird bei der Intra-Mediaselektion entschieden, welche konkreten Titel eines Werbemediums in welchem Umfang gebucht werden sollen.

Diese Funktionalität ist in der Regel für Unternehmen eine Nice-to-Have-Funktionalität. Allerdings erfordert der adäquate Einsatz In vielen Fällen einen erheblichen Zeitaufwand schon allein für die Pflege der Stammdaten. Häufig ist es effizienter, die Gestaltung von Mediaplänen an externe Dienstleister, wie z. B. spezialisierte Werbe- und Mediaagenturen, outzusourcen.

5.1.6 Kundenzufriedenheitsmanagement

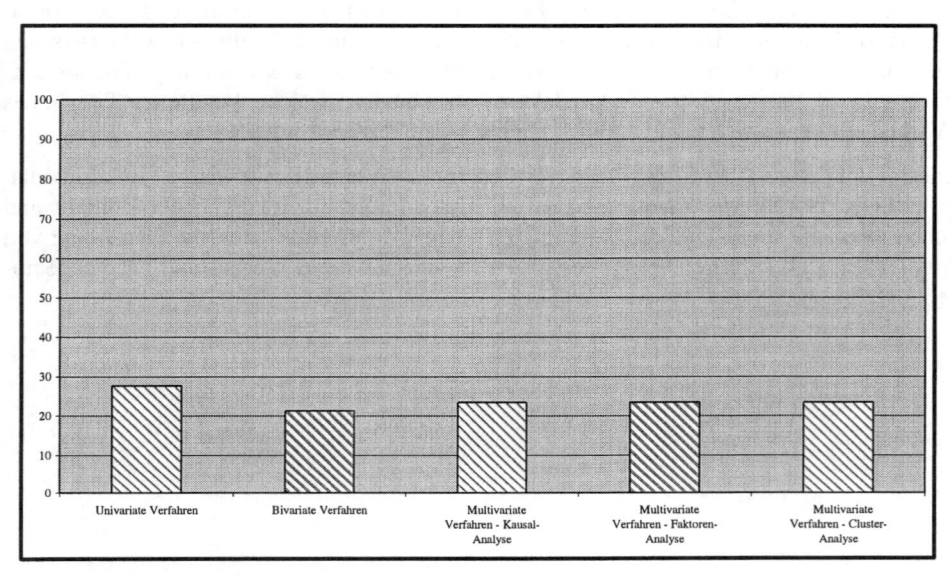

Abbildung 10: Kundenzufriedenheitsmanagement (I)

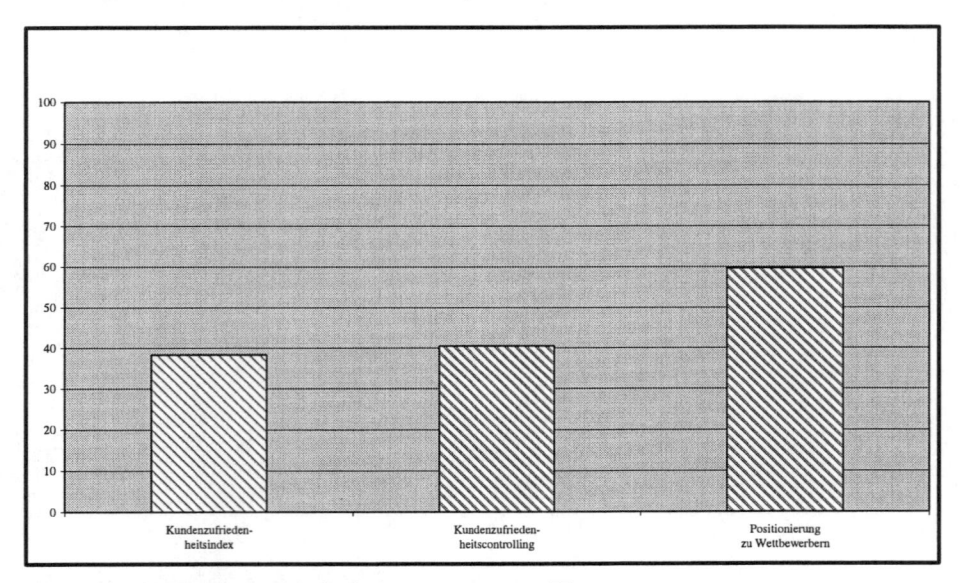

Abbildung 11: Kundenzufriedenheitsmanagement (II)

Inhaltliche Funktionalitäten

Die Funktionalitäten des Kundenzufriedenheitsmanagements weisen eine vergleichsweise geringe Anbieterdurchdringung auf. Herauszunehmen sind hiervon die Funktionalitäten Beschwerdemanagement und die Positionierung zu Wettbewerbern, die auch als Konkurrenzbeobachtung bezeichnet werden kann.

Gründe für die geringe Durchdringung eines Großteils der in diesem Kapitel abgebildeten Funktionalitäten bestehen zum einen darin, daß dieses Gebiet noch relativ jung ist und die Sensibilität der Nachfrager hierfür noch nicht ganz so stark wie für andere Gebiete ausgeprägt ist. Unterstützt wird dieses dadurch, daß diese Funktionalitäten für die Abwicklung des operativen Tagesgeschäftes nicht zwangsläufig erforderlich sind und deshalb nicht immer als Kernaufgaben angesehen werden.

Anders verhält es sich bei der Funktionalität Beschwerdemanagement. Diese Funktionalität hat sich im Zuge der einsetzenden Servicewelle bereits wesentlich deutlicher etabliert, nicht zuletzt da diese Funktionalität unmittelbar die Arbeit an einer Schnittstelle zum Kunden unterstützt.

| | Kundenzufriedenheitsmanagement |||||
| | | Kundenzufriedenheitsanalysen |||||
	Univariate Verfahren	Bivariate Verfahren	Multivariate Verfahren - Kausal-Analyse	Multivariate Verfahren - Faktoren-Analyse	Multivariate Verfahren - Cluster-Analyse
Ackerschott	X	X			X
Applix GmbH					
audius GmbH	X	X	X	X	X
bit by bit Software AG					
bowi GmbH	X	X	X	X	
brainware.crm AG					
camos GmbH					
CAS Software AG					
CCC GmbH					
CINCOM					
Clarfiy GmbH	als Zusatzm.	als Zusatz	als Zusatz	als Zusatz	als Zusatz
Cobra GmbH					
Cognos GmbH	X	X	X	X	X
combit GmbH					
CompAS GmbH	X	X	X	X	X
CSB-SYSTEM AG					
Cursor Software AG			X	X	X
Dolphin GmbH	X				
EHP Informatik GmbH					
FirePond GmbH					
FJA AG					
GODEsys GmbH					
Grutzeck-Software GmbH	X				
mediaCo - A.R. Stachorski	X	X	X	X	X
msp systems gmbh					
myview technologies					
NetConsult GmbH					
OfficeKomfort GmbH					
Onlinepartners.de GmbH			X	X	X
oPen Software GmbH					
Orbis GmbH					
ORGAPLAN Software GmbH	X				
PAVONE AG					
PLANWARE					
Point GmbH	X	X	X	X	X
PTV GmbH					
Regware GmbH		X	X	X	X
Saratoga Systems GmbH	ab 2000	ab 2000	ab 2000	ab 2000	ab 2000
schmidt e-services GmbH					
Selligent SA	X	X	X	X	X
Siebel Systems GmbH	X				
SMF KG					
SuperOffice GmbH					
TDV GmbH					
Team4 GmbH					
teamware GmbH					
UNiQUARE GmbH	X	X	X	X	X

Tabelle 10: Kundenzufriedenheitsmanagement (I)

Inhaltliche Funktionalitäten 83

	Kundenzufriedenheitsmanagement		
	Kundenzufriedenheits-index	Kundenzufriedenheits-controlling	Positionierung zu Wettbewerbern
Ackerschott	X	X	X
Applix GmbH			
audius GmbH	X	X	X
bit by bit Software AG			
bowi GmbH	X	X	X
brainware.crm AG			
camos GmbH			
CAS Software AG			X
CCC GmbH			X
CINCOM			
Clarfiy GmbH	X	X	X
Cobra GmbH			
Cognos GmbH			X
combit GmbH	X		
CompAS GmbH	X	X	X
CSB-SYSTEM AG	X	X	X
Cursor Software AG	X	X	X
Dolphin GmbH			
EHP Informatik GmbH			
FirePond GmbH			
FJA AG			X
GODEsys GmbH			X
Grutzeck-Software GmbH	X	X	
mediaCo - A.R. Stachorski		X	X
msp systems gmbh	X	X	X
myview technologies			
NetConsult GmbH			
OfficeKomfort GmbH			X
Onlinepartners.de GmbH	X	X	X
oPen Software GmbH			
Orbis GmbH	X	X	X
ORGAPLAN Software GmbH		X	
PAVONE AG			X
PLANWARE			
Point GmbH	X	X	X
PTV GmbH			
Regware GmbH	X	X	X
Saratoga Systems GmbH	X	X	X
schmidt e-services GmbH			X
Selligent SA	X	X	X
Siebel Systems GmbH	X	X	X
SMF KG			
SuperOffice GmbH			X
TDV GmbH			X
Team4 GmbH			X
teamware GmbH			
UNiQUARE GmbH	X	X	X

Tabelle 11: Kundenzufriedenheitsmanagement (II)

Für die Funktionalitäten des Kundenzufriedenheitsmanagements sind einige grundlegende Aspekte zu beleuchten, bevor die Erläuterung der einzelnen Funktionalitäten im Detail erfolgt.

Auch wenn die Anbieterdurchdringung der Funktionalitäten der Sub-Kategorie Kundenzufriedenheitsmanagement im vergleichsweise relativ gering sind, weisen die Ergebnisse dieser Funktionalitäten eine eminente Bedeutung, um die Grundausrichtung und Strategie der Kunden- und Marktbearbeitung festzulegen sowie Schwachstellen aufzudecken. So sind die erhobenen und ausgewerteten Kundenzufriedenheitswerte ein essentieller Gradmesser, um die Kundenbearbeitung ganzheitlich zu steuern, zu optimieren und zu kontrollieren. Nicht zuletzt steht eine hohe Kundenzufriedenheit für eine hohe Kundenbindung, die wiederum die Umsätze und damit den Unternehmenswert positiv beeinflußt.

Die Funktionalitäten des Kundenzufriedenheitsmanagements liefern zudem mit ihrer Zielgröße Kundenzufriedenheit für die Erfolgskontrolle in Marketing, Vertrieb und Kundenbearbeitung ein alternatives objektives Meßkonstrukt zum Umsatz. Kundenzufriedenheit und Umsatz sollten dabei mit Hilfe von Kausal- und Korrelationsanalysen miteinander verglichen werden, um Erkenntnisse für die konkrete Beziehung zwischen Kundenzufriedenheit und Umsatz des Unternehmens abzuleiten. Die Ergebnisse zeigen z. B., in welchem tendenziellen Ausmaß, in welchen Leistungen des Unternehmens die Kundenzufriedenheit gesteigert werden sollte, um auch die Umsätze zu erhöhen. Des weiteren werden Kundenzufriedenheitsanalysen z. T. flankierend in Sonderprojekten durchgeführt, so daß sie nicht in das laufende Tagesgeschäft integriert sind.

Aufgrund ihrer unmittelbaren Bedeutung der Funktionalitäten für die Zielgröße Kundenzufriedenheit kann hier vorweggenommen werden, daß die Realisierung der hier genannten Funktionalitäten für die meisten Unternehmen, die eine Differenzierungsstrategie verfolgen, Soll-Anforderungen darstellen. Allerdings stellt sich jeweils die Frage, ob diese Funktionalitäten zwangsläufig in der CRM-Software enthalten sein müssen oder über Schnittstellen angebunden werden können.

Wegen der engen inhaltlichen Beziehungen der folgenden drei Funktionalitäten erfolgt jeweils wiederum zunächst die Erläuterung der einzelnen Funktionalitäten, bevor eine gemeinsame Bewertung durchgeführt wird. Die Kundenzufriedenheitsanalyse ist dabei die Basis und auch notwendige Voraussetzung für die Ausgestaltung der beiden anderen Funktionalitäten Kundenzufriedenheitsindex und Kundenzufriedenheitscontrolling.

Kundenzufriedenheitsanalyse

Die Kundenzufriedenheitsanalyse mißt die Zufriedenheit der Kunden auf Basis von Urteilen der Kunden aus Befragungen und anhand stellvertretender harter Indikatoren, wie z. B. die benötigte Antwortzeit bei Anfragen. Zur Auswertung der erhobenen Daten werden uni-, z. B. Mittelwerte, bi-, wie z. B. Kreuztabellierungen, und multivariate Verfahren, wie z. B. Kausalanalysen, angewandt.

Anzumerken ist, daß in den Befragungsergebnissen erfasst ist, in welcher Software welche der genannten Verfahren zur Kundenzufriedenheitsanalyse eingesetzt werden. Erläuterungsbedürftig sind dabei die multivariaten Verfahren der Kausal-, Cluster- und Faktorenanalyse. Diese relativ komplexen Verfahren sollen nicht im Detail erläutert werden, sondern sozusagen „umgangssprachlich" kurz und anschaulich vorgestellt werden.

Grob gesagt, prüft die Kausalanalyse Hypothesen über Einflußgrößen auf die Kundenzufriedenheit mit Hilfe von Interkorrelationsmessungen. Dadurch können Aussagen über die Einflußgrößen der Kundenzufriedenheit im konkreten Anwendungsfall im Detail bestimmt werden Die Clusteranalyse faßt Kunden in Klassen zusammen, die in sich möglichst homogen, aber untereinander möglichst heterogen sind. Sie unterstützt also die Kundensegmentierung, indem Kunden mit einem ähnlich zu erwartenden Verhalten in Klassen für die eine differenzierte Kundenbearbeitung eingeteilt werden. Die Faktorenanalyse ist ein verfahren zur Datenverdichtung. Das bedeutet, daß letztendlich viele voneinander abhängige Merkmale auf einen dahinter stehenden Oberbegriff, den sogenannten Faktor, zurückgeführt werden. Das führt zudem zu einer verbesserten Übersichtlichkeit, wenn viele Einzeldaten erhoben werden.

Kundenzufriedenheitsindex

Der Kundenzufriedenheitsindex verdichtet die Ergebnisse der Kundenzufriedenheitsanalyse, z. B. mehrstufig über Produktbereiche, Vertriebsgebiete-/regionen oder Kundenklassen. Er faßt also die Zufriedenheitswerte der Kunden mit den Leistungen des Unternehmens in einem Index zusammen. Dieser Index liefert zum einen hochverdichtete Informationen, sollte andererseits wiederum in Einzelkomponenten zerlegbar sein. Darauf aufbauend können für die Entwicklung der Kundenzufriedenheit z. B. Längsschnittanalysen über die Zeit sowie Querschnittsanalysen nach den oben genannten Kriterien durchgeführt werden. Da die Kundenzufriedenheit jeweils in einem Wert zusammengefaßt wird, ergeben sich nachvollziehbare Vergleichswerte. Diese stellen somit ein effizientes Kommunikationsinstrument im Unternehmen zur Verdeutlichung der aktuellen Kundenzufriedenheitssituation dar.

Ebenso ergeben sich aggregierte Top-Kennzahlen für die Kundenzufriedenheit, welche in wertorientierten Unternehmensführungskonzepten, wie z. B. in der Marktperspektive der Balanced Scorecard, einen wichtigen Bestandteil darstellen. In weiterer Verwendung lassen sich innovative Vergütungsformen mit Hilfe der Indexwerte entwickeln, die in Bonus-Malus-Systemen als weiteres Kriterium für die zu leistenden Zahlungen aufgenommen werden können. Die Anwendung bietet sich nicht nur bei der Vergütung der eigenen Mitarbeiter an, sondern auch wenn das Unternehmen externe Servicepartner, z. B. zum Betrieb eines Call Centers, beauftragt.

Kundenzufriedenheitscontrolling

Das Kundenzufriedenheitscontrolling basiert auf der Kundenzufriedenheitsanalyse sowie ggf. dem Kundenzufriedenheitsindex. Es plant und kontrolliert die Entwicklung der Kundenzufriedenheit und gibt sowohl Hinweise als auch Ursachen bei Abweichungen an.

Für alle drei erläuterten Funktionalitäten ist als Ziel feszuhalten, daß die Ergebnisse wesentliche Anknüpfungspunkte für Verbesserungen in der Kundenbearbeitung liefern sollten, auf deren Basis adäquate Maßnahmen zu initiieren sind. Konzeptionell ist bei den beschriebenen Funktionalitäten von Bedeutung, daß die generierten Informationen auch im Tagesgeschäft eingesetzt werden. Dazu ist als Basis eine Schnittstelle zur Kundendatenbank zu schaffen, sofern aus Kundenzufriedenheitserhebungen personalisierte Daten erhoben werden können.

Hinsichtlich Einsatzeffizienz und -effektivität der Funktionalität Kundenzufriedenheitscontrolling ist es von entscheidender Bedeutung, daß Reports zur Kundenzufriedenheitssituation entsprechend übersichtlich und managementorientiert aufbereitet werden. Zudem sollten diese in festen Rhythmen, z. B. quartalsweise, an die kundenbearbeitenden Stellen weitergeleitet werden. Für die Weiterleitung sind entsprechende Workflows zu gestalten.

Zu beachten ist, daß kein Datenfriedhof in Form extrem umfangreicher Reports erzeugt wird, der lediglich zu einer Informationsüberflutung führt. In diesem negativen Fall können die Daten aufgrund der eingeschränkten Informationsverarbeitungskapazität des Menschen nicht mehr effizient genutzt werden. Es gilt somit der Grundsatz „Qualität vor Quantität". So besteht die Aufgabe des Kundenzufriedenheitscontrollings nicht nur in der vollständigen Auswertung der Daten, sondern auch in der Zusammenstellung der bedeutenden Informationen. Ist entsprechend eine Informationsauswahl zu treffen, sollten im Report besondere Veränderungen der Zufriedenheitssituation im Sinne eines Exceptional Reporting dargestellt werden. Als Faustregel kann angegeben werden, daß derartige Reports maximal fünf Seiten umfassen sollten. Dabei helfen graphische Aufbereitungen, die Ergebnisse anschaulich, effizient und komprimiert darzustellen. Im Idealfall werden zudem keine Standardberichte erstellt, sondern individualisierte Berichte gemäß der jeweiligen Wünsche des Kundenbearbeiters. Des weiteren sollte die Möglichkeit bestehen, daß Kundenbearbeiter auf Wunsch Sonderauswertungen erhalten oder ohne größeren Aufwand selbst erstellen können.

Bei den für die Kundenzufriedenheitsanalyse und den Kundenzufriedenheitsindex notwendigen Auswertungsverfahren herrscht das Dilemma zwischen Anwendungsfreundlichkeit und Aussagekraft. Uni- und bivariate Verfahren sind zwar relativ einfach einsetzbar, aber ebenso ist auch ihre Aussagekraft begrenzt. Auf der anderen Seite können mit Hilfe multivariater Verfahren differenziertere Aussagen getroffen werden, doch ist die Anwendung relativ komplex und erfordert somit ein größeres spezifisches Know-how des Anwenders. So ist zu beachten, daß auch komplexere Berechnungsverfahren anwendungsfreundlich integriert werden und eine Abstimmung zwischen gewünschten Verfahren und zur Verfügung stehenden Mitarbeiterressourcen durchzuführen ist.

Die im Rahmen der Kundenzufriedenheitsanalyse eingesetzten Verfahren weisen einen engen Bezug zu den Verfahren des Data Mining auf. Insbesondere bei Anwendung sehr komplexer Verfahren ist eine Anbindung von Standardsoftwareapplikationen aus diesem Bereich, wie. z. B. SAS oder SPSS, z. T. sinnvoll.

Aufgrund der inhaltlichen Komplexität der Thematik ist es für Unternehmen häufig zielführend für eine effiziente und effektive Einführung, neben dem Softwareanbieter für die DV-technologische Umsetzung einen auf Kundenzufriedenheitsmanagement spezialisierten Unternehmensberater für die konkrete, inhaltliche Ausgestaltung der Funktionalitäten hinzuziehen.

Ebenso wie bei den Funktionalitäten Vertriebsreporting, Kundenerfolgsrechung etc., die dem Bereich Controlling nahe sind, stellt sich wiederum die aufbauorganisatorische Frage, welche Stelle die aus der Funktionalität Kundenzufriedenheitsmanagement resultierenden Aufgaben bearbeiten sollte. Diese Frage kann wiederum nur unternehmensindividuell beantwortet werden.

Positionierung zu Wettbewerbern

Die Funktionalität Positionierung zu Wettbewerbern bezieht sich auf die Wettbewerbsbeobachtung insbesondere hinsichtlich der systematischen Erfassung, welche Maßnahmen Wettbewerber ergreifen, um die Kundenzufriedenheit zu erhöhen.

Diese Funktionalität ist vor allem für in gesättigten Märkten agierende Unternehmen von Relevanz, da sich hier Wettbewerbsvorteile hauptsächlich nur noch über die Zielgröße Kundenzufriedenheit erzielen lassen. Die konkrete Ausgestaltung kann sehr unterschiedlich erfolgen. Dazu kann eine Wissensdatenbank, ein unternehmensinternes Diskussionsforum oder ein Newsletter eingesetzt werden. Wichtig ist, dass neben der Auswertung branchenspezifischer Informationen z. B. aus Fachzeitschriften das Wissen des Außendienstes aufbereitet und verteilt wird. Dies setzt die Bereitschaft des Außendienstes dazu voraus. Dazu ist die Akzeptanz dieser Funktionalität beim Außendienst notwendig, auf welche ggf. mit Hilfe der vorgestellten Change Management-Instrumente hinzuwirken ist.

Die effiziente Verteilung der gewonnenen Informationen ist die notwendige Voraussetzung, um die Funktionalität Positionierung zu Wettbewerbern nicht zum Selbstzweck degenerieren zu lassen. Insgesamt ist diese Funktionalität in der Regel eine Nice-to-Have-Anforderung.

5.1.7 Pricing

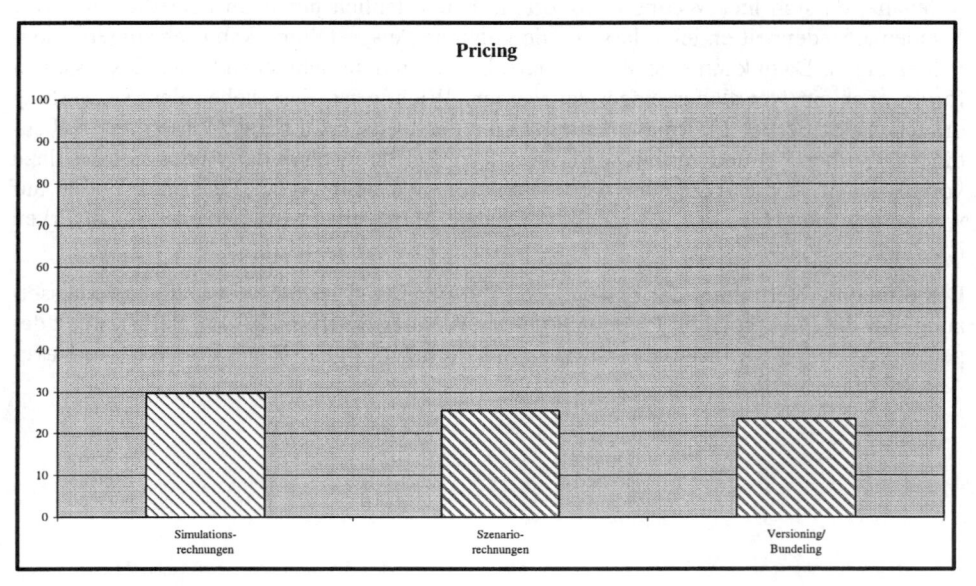

Abbildung 12: Pricing

Die Funktionalitäten der Sub-Kategorie Pricing haben nur wenige CRM-Softwareanbieter in ihren Standardset an Funktionalitäten aufgenommen. Grund hierfür ist auch, daß diese Randfunktionalitäten von CRM z. T. bereits von anderen Softwareprogrammen im Rahmen von Spezialanwendungen abgedeckt werden.

Inhaltliche Funktionalitäten

	Pricing		
	Simulationsrechnungen	Szenariorechnungen	Versioning/Bundeling
Ackerschott			
Applix GmbH			
audius GmbH	X	X	X
bit by bit Software AG			
bowi GmbH	X		X
brainware.crm AG			
camos GmbH			
CAS Software AG			
CCC GmbH			
CINCOM			
Clarfiy GmbH	X	X	X
Cobra GmbH			
Cognos GmbH	X	X	
combit GmbH			
CompAS GmbH	X	X	
CSB-SYSTEM AG	X	X	
Cursor Software AG			
Dolphin GmbH			
EHP Informatik GmbH			
FirePond GmbH	X	X	X
FJA AG	X	X	X
GODEsys GmbH			
Grutzeck-Software GmbH			
mediaCo - A.R. Stachorski			
msp systems gmbh			
myview technologies			
NetConsult GmbH			
OfficeKomfort GmbH			
Onlinepartners.de GmbH	X	X	X
oPen Software GmbH			
Orbis GmbH			
ORGAPLAN Software GmbH			
PAVONE AG	X		
PLANWARE			
Point GmbH	X	X	X
PTV GmbH	X		
Regware GmbH	X	X	X
Saratoga Systems GmbH			X
schmidt e-services GmbH			
Selligent SA		X	X
Siebel Systems GmbH	X	X	X
SMF KG			
SuperOffice GmbH			
TDV GmbH			
Team4 GmbH			
teamware GmbH			
UNiQUARE GmbH			

Tabelle 12: Pricing

Aufgrund der engen inhaltlichen Beziehungen, wobei Versioning/Bundeling als Sonderfall der Funktionalität Simulations-/Seznariorechnungen angesehen werden kann, erfolgt wiederum zunächst jeweils die Erläuterung, bevor eine gemeinsame Auswertung vorgenommen wird.

Simulations-/Szenariorechnung

Simulations-/Szenariorechnungen in der Preisgestaltung berechnen die Effekte einer veränderten Preisstruktur auf den Gewinn des Unternehmens. Zu berücksichtigen sind dabei Umsatzeffekte, die sich aus den veränderten Absatzpreisen und einer resultierenden veränderten Absatzmenge ergeben, und Kosteneffekte, die sich aus der Veränderung der benötigten Produktionsmenge ergeben. Bei Simulationsrechnungen werden die Ergebniseffekte bei kontinuierlichen Veränderungen von Einflußparametern simuliert, während bei Szenariorechnungen in der Regel durch verschiedene Bedingungen klar abgegrenzte Situationen verglichen werden und in einem stärkeren Ausmaß Fallunterscheidungen Berücksichtigung finden.

Versioning/Bundeling

Versioning/Bundeling beschreibt die Preisgestaltung von Unternehmen in Sortimentensverbunden. Formal zielen sie darauf ab, eine für den Unternehmensgewinn optimierte Preisstruktur durch Preisdifferenzierung zu gestalten. Das Sachziel ist die Unterstützung der Entscheidung, ob die Leistungen des Unternehmens in Einzelangeboten (Versionen) oder im Sortimentsverbund (Bundle) angeboten werden sollten.

Insgesamt ist die Simulation unterschiedlicher Preisstrukturen für alle Unternehmen wichtig. Der Grad der Bedeutung hängt zum einen davon ab, inwieweit im Rahmen der Unternehmensstrategie Preisdifferenzierung als ein wesentliches Merkmal zur Marktbearbeitung angesehen wird. Zum anderen ist entscheidend, wie häufig mit Preisveränderungen der Wettbewerber im jeweils bearbeiteten Markt zu rechnen ist und wie sensibel Kunden auf diese reagieren.

Eine unmittelbare Integration der Pricing-Funktionalitäten in die CRM-Software ist für diejenigen Unternehmen eine Soll-Anforderung, für deren Geschäftsbeziehungen die dargestellten Kriterien in hohem Maße gelten. Ansonsten stellen die Pricing-Funktionalitäten im Rahmen von CRM-Software Nice-to-Have-Funktionalitäten dar. Speziell Versioning/Bundeling ist lohnenswert, wenn die Leistungen auch tatsächlich in einer Vielzahl variierender Kombinationen und Spezialversionen angeboten werden und darüber auch Preisdifferenzierung betrieben wird.

Sinnvoll ist der durchgehende Einsatz von Versioning/Bundeling und Simulations-/Szenariorechnungen insbesondere auch dann, wenn der Endverkaufspreis stark von sich schnell ändernden Tageseinkaufspreisen abhängt.

Zudem sind diese Funktionalitäten z. T. beim Verkauf über das Internet von größerer Bedeutung, da sogar bei einigen Geschäftsmodellen des E-Commerce Preisdifferenzierungen einen wesentlichen Bestandteil darstellen. Im Internet sind an die Gestaltung unterschiedlichster Angebotskombinationen kaum Grenzen gesetzt, da nicht wie im stationären Einzelhandel räumliche Beschränkungen für die Warenpräsentation gegeben sind.

In vielen Fällen reicht allerdings eine einmalige Anwendung von Versioning/Bundeling sowie Simulations-/Szenariorechnungen aus, um dann Anpassungen im Rhythmus der üblichen Preislistenveränderungen vorzunehmen. Dazu müssen Pricing-Funktionalitäten nicht zwangsläufig in einer CRM-Software integriert sein, sondern können durch Sonderrechnungen unterstützt werden.

Die Anwendung der Pricing-Funktionalitäten ist in der Unternehmenspraxis relativ aufwendig, da die entsprechenden Unternehmensdaten und Informationen über Preiselastizitäten in das System einzupflegen und darüber hinaus teilweise komplexe Beziehungen abzubilden sind. Zu berücksichtigen ist deshalb, daß bei einer Neugestaltung, initiiert durch die Einführung einer CRM-Software, bestehende Rechenmodelle aufwandsarm integriert werden. Zudem ist als eigentlich selbstverständlicher Hygienefaktor zu bemerken, daß die kundenbearbeitenden Stellen effizient jeweils auf den aktuellen Stand der Preisstruktur gebracht werden müssen.

Auch können die Pricing-Funktionalitäten zur Vorbereitung von Kampagnen eingesetzt werden, wenn beispielsweise die Ergebniseffekte aus Sonderangeboten zu berechnen sind.

Bei ständigem Einsatz von Versioning/Bundeling besteht des weiteren eine enge Beziehung zur Funktionalität Produktkonfigurator in der Anwendung als Sortimentskonfigurator zur Gestaltung und zum Abgleich der möglichen Angebotskombinationen. Für ein stringentes Versioning/Bundeling sind insbesondere bei vielen verschiedenen Kombinationen oftmals komplizierte, individualisierte Algorithmen zur Bestimmung optimierter Angebotspreise einzusetzen. Dies ist neben dem Tagesgeschäft kaum zu realisieren, so daß es für Unternehmen oftmals hilfreich ist, auf auf dieses Gebiet spezialisierte Unternehmensberater zurückzugreifen.

5.1.8 Data Mining/Databasemarketing

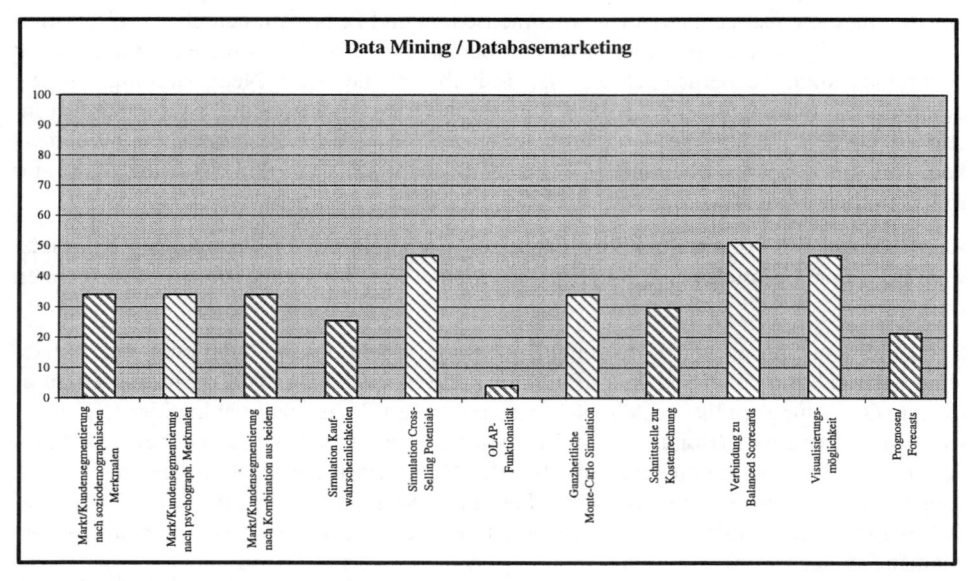

Abbildung 13: Data Mining/Databasemarketing

Die Funktionalitäten der Sub-Kategorie Data Mining/Database Marketing weisen eine vergleichsweise geringe Anbieterdurchdringung auf. Diese liegt auch darin begründet, daß die Entwicklung der Verfahren im Hinblick auf den Einsatz in der Kundenbearbeitung z. T. noch optimiert werden kann. Dies betrifft insbesondere auch die Benutzerfreundlichkeit, wie im folgenden noch erläutert wird. Zudem werden einige Funktionalitäten, z. B. die Markt- und Kundensegmentierung, bisher datengestützt in Sonderanalysen oder qualitativ auf Basis von Experteneinschätzungen der Mitarbeiter in Marketing und Vertrieb durchgeführt.

Inhaltliche Funktionalitäten 93

	Data Mining / Databasemarketing		
	Markt/Kundensegmentierung nach		
	soziodemographischen Merkmalen	psychographischen Merkmalen	Kombination aus beidem
Ackerschott	X		
Applix GmbH			
audius GmbH			
bit by bit Software AG			
bowi GmbH		X	X
brainware.crm AG	nur über externes Tool möglich		
camos GmbH			
CAS Software AG	X	X	X
CCC GmbH			
CINCOM			
Clarfiy GmbH	X	X	X
Cobra GmbH			
Cognos GmbH	X	X	X
combit GmbH	X	X	X
CompAS GmbH	X	X	X
CSB-SYSTEM AG	X	X	X
Cursor Software AG			
Dolphin GmbH			
EHP Informatik GmbH	X		
FirePond GmbH			
FJA AG	X	X	X
GODEsys GmbH			
Grutzeck-Software GmbH	X	X	X
mediaCo - A.R. Stachorski			
msp systems gmbh			
myview technologies			
NetConsult GmbH			
OfficeKomfort GmbH			
Onlinepartners.de GmbH	X		
oPen Software GmbH			
Orbis GmbH	X	X	X
ORGAPLAN Software GmbH	X	X	X
PAVONE AG			
PLANWARE			
Point GmbH	X	X	X
PTV GmbH			
Regware GmbH	X	X	X
Saratoga Systems GmbH	X	X	X
schmidt e-services GmbH			
Selligent SA	X	X	X
Siebel Systems GmbH	X	X	X
SMF KG			
SuperOffice GmbH			
TDV GmbH			
Team4 GmbH			
teamware GmbH			
UNiQUARE GmbH	X	X	X

Tabelle 13: Data Mining/Databasemarketing (I)

	Data Mining / Databasemarketing			
	Simulation			
	Kaufwahr-scheinlichkeiten	Cross-Selling Potentiale	OLAP-Funktionalität	Ganzheitliche Monte-Carlo Simulation
Ackerschott	X	X	X	
Applix GmbH			X	
audius GmbH				
bit by bit Software AG				
bowi GmbH			X	
brainware.crm AG	alles nur über externes Tool			
camos GmbH				
CAS Software AG				
CCC GmbH				
CINCOM				
Clarfiy GmbH	X	X	X	X
Cobra GmbH				
Cognos GmbH	X		X	
combit GmbH				
CompAS GmbH			X	
CSB-SYSTEM AG		X	X	
Cursor Software AG	X	X		
Dolphin GmbH				
EHP Informatik GmbH			X	
FirePond GmbH	X		X	
FJA AG		X	X	
GODEsys GmbH				
Grutzeck-Software GmbH	X	X		
mediaCo - A.R. Stachorski	X		X	
msp systems gmbh			X	
myview technologies				
NetConsult GmbH				
OfficeKomfort GmbH	X			
Onlinepartners.de GmbH	X	X	X	
oPen Software GmbH				
Orbis GmbH	X		X	
ORGAPLAN Software GmbH		X		
PAVONE AG			X	
PLANWARE				
Point GmbH	X	X	X	X
PTV GmbH				
Regware GmbH	X	X	X	
Saratoga Systems GmbH	X	X	X	
schmidt e-services GmbH	X			
Selligent SA			X	
Siebel Systems GmbH			X	
SMF KG				
SuperOffice GmbH				
TDV GmbH				
Team4 GmbH	X		X	
teamware GmbH				
UNiQUARE GmbH	X	X	X	

Tabelle 14: Data Mining/Databasemarketing (II)

Inhaltliche Funktionalitäten

	Data Mining / Databasemarketing				
	Schnittstelle zur Kostenrechnung	Verbindung zu Balanced Scorecards	Visualisierungsmöglichkeit	Prognosen/ Forecasts	Gestaltung Marktreaktionsfunktionen
Ackerschott		X	X	X	X
Applix GmbH		X	X	X	
audius GmbH	X		X	X	X
bit by bit Software AG					
bowi GmbH	X		X	X	
brainware.crm AG					
camos GmbH					
CAS Software AG	X				
CCC GmbH					
CINCOM					
Clarfiy GmbH		X	X	X	X
Cobra GmbH		X			
Cognos GmbH			X	X	X
combit GmbH					
CompAS GmbH			X	X	
CSB-SYSTEM AG	X	X	X	X	X
Cursor Software AG	X			X	X
Dolphin GmbH					
EHP Informatik GmbH			X		
FirePond GmbH	X		X	X	
FJA AG		X	X		
GODEsys GmbH					
Grutzeck-Software GmbH			X		
mediaCo - A.R. Stachorski			X	X	
msp systems gmbh	X		X	X	
myview technologies					
NetConsult GmbH					
OfficeKomfort GmbH			X	X	
Onlinepartners.de GmbH			X	X	X
oPen Software GmbH					
Orbis GmbH	X	X	X	X	
ORGAPLAN Software GmbH	X				
PAVONE AG	X	X		X	
PLANWARE					
Point GmbH	X		X	X	X
PTV GmbH					
Regware GmbH	X	X	X	X	X
Saratoga Systems GmbH			X	X	
schmidt e-services GmbH					
Selligent SA	X	X	X	X	
Siebel Systems GmbH	X	X	X		
SMF KG					
SuperOffice GmbH					
TDV GmbH					
Team4 GmbH	X		X	X	X
teamware GmbH					
UNiQUARE GmbH	X	X	X	X	X

Tabelle 15: Data Mining/Databasemarketing (III)

Die Funktionalitäten des Data Mining/Databasemarketing unterstützen Back Office-Prozesse der Kundenbearbeitung, deren Ergebnisse in den Client Facing-Prozessen angewendet werden. Analog zu den Funktionalitäten der Sub-Kategorie Kundenzufriedenheitsmanagement, werden diese Funktionalitäten teilweise bereits in Spezialanwendungen umgesetzt häufig auf Basis von anwendungsunabhängiger Standardsoftware zur Datenanalyse, wie z. B. SAS oder SPSS.

Die im folgenden erörterten Funktionalitäten sollen Entscheidungen unterstützen und helfen, reine Bauchentscheidungen zu vermeiden. Zudem ergeben sich aus der Anwendung der Funktionalitäten häufig Synergieeffekte in der Form, daß grundsätzliche neue Erkenntnisse über Marktzusammenhänge transparent werden.

Grundsätzlich ist wiederum zudem als sine qua non zu vermerken, daß die gewonnenen Erkenntnisse auch tatsächlich für die Kundenbearbeitung verwendet werden. Aussagen hinsichtlich der Bedeutung der im folgenden dargestellten Funktionalitäten sind aufgrund der starken Abhängigkeit vom jeweiligen Unternehmenskontext nicht möglich, so daß hier auf Aussagen hinsichtlich Soll-, Nice-to-Have-Funktionalitäten etc. verzichtet wird. Grundsätzlich gilt deshalb auch für die konkrete Ausgestaltung dieser Funktionalitäten, daß in der Regel nicht Standardfunktionalitäten von der „Stange" eingesetzt werden können, sondern zumeist technische und insbesondere konzeptionelle, also die inhaltliche Ausgestaltung betreffende "Maß"-Anpassungen notwendig sind.

Zudem ist ebenso wie bei den Funktionalitäten der Sub-Kategorie Kundenzufriedenheitsmanagement zu beachten, daß bei Einsatz relativ komplexer Berechnungsverfahren diese für die Praxis anwendungsfreundlich in CRM-Systemen zu integrieren sind, um eine hohe Benutzerakzeptanz zu erzielen. Für die Zukunft kann durch die zusätzliche Integration von Simulations- und Lernverfahren das Verständnis für Marktprozesse und Aufspüren von Entwicklungen unterstützt werden, das bisher größtenteils in den Händen der Intuition der Verantwortlichen lag.

Markt- und Kundensegmentierung

Mit Hilfe der Tools zur Markt- und Kundensegmentierung sollen die Kunden in homogene Gruppen zerlegt werden, die untereinander möglichst heterogen sind. Das bedeutet, daß Kunden mit einem ähnlichen Kaufverhalten in Klassen zusammengefaßt werden. Dies kann sowohl auf Basis soziodemographischer und psychographischer Kriterien als auch auf Basis von Kriterien des beobachtbaren Käuferverhaltens oder in kombinierter Anwendung erfolgen. Gängiges Datenanalyseverfahren für komplexere Klassifizierungen ist die Clusteranalyse, die bereits im Rahmen der Erläuterung der Funktionalität Kundenzufriedenheitsanalyse dargestellt worden ist. Allerdings sind auch Segmentierungen über einfache Regeln denkbar, welche die Kunden z. B. eindimensional über ihr Alter in Klassen zusammenfassen. Diese Regeln sind zwar leichter umzusetzen, weisen aber zumeist auch nur eine geringere Aussagekraft für das zu erwartende Kundenverhalten auf.

Für die erfolgreiche Anwendung dieser Funktionalität sind von großer Bedeutung adäquate Schnittstellen zur Kundendatenbank und ggf. zur Kostenrechnungssoftware, wenn auch derartige Daten in die Markt- und Kundensegmentierung einfließen sollen. Dies sind Daten, die z. B. zur Unterscheidung zwischen derzeit attraktiveren und unattraktiveren Kundenbeziehungen dienen, oder Daten zur Klassifizierung nach Kundenpotentialen.

Der Daten-/Informationsfluß zur Kundendatenbank ist wechselseitig. Zum einen werden u. U. Daten aus der Kundendatenbank zur Kundenklassifizierung benötigt. Zum anderen müssen die Ergebnisse der Kundenklassifizierung in die Kundendatenbank automatisiert eingepflegt und ggf. aktualisiert werden, damit eine auf den gebildeten Segmenten differenzierte Kundenbearbeitung auch in die Praxis umgesetzt werden kann. Viele Unternehmen haben bereits Markt- und Kundensegmente im Detail in personalisierter Form bestimmt, so daß bei Einführung der CRM-Software eine entsprechende Datenintegration notwendig ist.

OLAP-Funktionalität

Die OLAP(Online Analytical Processing)-Funktionalität bietet dem Nutzer die Möglichkeit, Daten online mehrdimensional auszuwerten.

Die Erfüllung dieser Funktionalität stellt eine methodische Forderung dar, die in Zukunft zum Standard für moderne Auswertungssoftware werden sollte.

Simulation Kaufwahrscheinlichkeiten/Cross-Selling-Potentiale

Die prinzipielle Vorgehensweise und die wesentlichen Implikationen bei Einführung von Simulationsfunktionalitäten ist bereits im Rahmen der Erläuterung der Pricing-Funktionalitäten dargestellt worden.

Die Simulation kann neben dem Einsatz im Pricing jedoch zur Lösung vielfältiger anderer Optimierungsprobleme in Marketing und Vertrieb beitragen, wie z. B. die Simulation von Kaufwahrscheinlichkeiten oder Cross Selling-Potentialen auf Basis unterschiedlicher Annahmen für das Kundenverhalten. Die Durchführung dieser beiden Anwendungen ist häufig insbesondere im Vorfeld der Gestaltung von Kampagnen hilfreich, um deren Wirtschaftlichkeit zu bestimmen.

Ganzheitliche Monte Carlo-Simulation

Die ganzheitliche Monte Carlo-Simulation stellt eine Spezialform der Simulationsrechung dar, welche im Rahmen der Lösungsfindung die Unsicherheit von Informationen durch die Berücksichtigung von Wahrscheinlichkeiten berücksichtigen. Sie berechnet somit die Auswirkungen unterschiedlicher unsicherer Marktsituationen auf die Erfolgssituation des Unternehmens. In Abgrenzung zur Funktionalität Simulation von Kaufwahrscheinlichkeiten kann ganzheitlich für alle Einflußparameter deren Unsicherheit in der Simulationsrechnung berücksichtigt werden. Die Prozeß- und Ergebnisqualität wird erhöht, weil also für die eingehenden betriebswirtschaftlichen Größen Risikoanalysen durchzuführen sind. Eventuell ist es für Unternehmen sinnvoller, eine Alternative der Markt- und Kundenbearbeitung zu wählen, die zwar einen geringeren Maximalerfolg aufweist, aber dafür mit größerer Sicherheit behaftet ist.

Der Einsatz der Monte Carlo-Simulation ist insbesondere sinnvoll bei komplexen Strukturen der abzubildenden Zusammenhänge, hochgradig sensitiven Größen und/oder beim Vorliegen von Variablen, die mit unterschiedlichen Wahrscheinlichkeitsverteilungen in eine Zielgröße eingehen.

Anzumerken ist, daß für die korrekte Anwendung der Monte Carlo-Simulation nicht unerhebliches statistisch-mathematisches Know-how erforderlich ist. Ansonsten gelten die gleichen Ausführungen bezüglich Einbindung in die CRM-Software, die bei der Erläuterung der Funktionalitäten Simulations-/Szenariorechnung der Sub-Kategrorie Kundenzufriedenheitsmanagement bereits dargestellt worden sind.

Prognose/Forecasts

Die Funktionalität Prognose/Forecasts ermöglicht es dem Nutzer, die Entwicklung der Absatzsituation und damit einhergehende Umsatzentwicklung abzuschätzen.

Bei Einführung ist die z. T. stark variierende Umsetzungsqualität zu berücksichtigen, ausgedrückt in adäquater Abbildung der Zusammenhänge der Realität auf der einen Seite sowie Benutzerfreundlichkeit und Datenbereitstellbarkeit auf der anderen Seite. Einfache Prognosesysteme, für die tendenziell wenige Eingangsdaten benötigt werden, schreiben die Zahlen der Vorperiode einfach fort. Allerdings ist dann die Aussagekraft limitiert, da die komplexe Realität oftmals nur unzureichend abgebildet wird. Auf der anderen Seite führen komplexen Logiken, welche die Mängel der einfachen Prognosen beheben, z. T. zu Problemen hinsichtlich Benutzerfreundlichkeit und Datenbereitstellbarkeit. Dies ist insbesondere dann der Fall, wenn viele zusätzliche Informationen zur Prognose benötigt werden, die in Sonderanalysen zu erheben sind. Wichtig ist wiederum, daß die berechneten Prognosewerte nicht nur zum Selbstzweck dienen, sondern auch zur Information an die entsprechenden kundenbearbeitenden Stellen weitergeleitet werden.

Schnittstelle zur Kostenrechnung

Ebenso wie bei einigen bisher diskutierten Funktionalitäten, wie z. B. die Kundenpotentialanalyse, ist für die Unterstützung der vorgestellten Verfahren eine Schnittstelle zur Kostenrechung von Vorteil, um effizient auf benötigte Daten zugreifen zu können.

Verbindung zur Balanced Scorecard

Mit Hilfe der bisher diskutierten Verfahren lassen sich Top-Kennzahlen im Plan und im Ist bilden, die analog zu den Funktionalitäten des Kundenzufriedenheitsmanagements Informationen nicht nur für die Ausgestaltung der Marktperspektive, sondern auch für die finanzwirtschaftliche Perspektive der Balanced Scorecard liefern.

Die Balanced Scorecard ist ein ganzheitliches Management- und Kennzahlensystem, das nicht-monetäre Ziele über Ursache-Wirkungs-Beziehungen mit den finanziellen des Unternehmens verbindet. Als nicht-monetäre Zielperspektiven werden dazu häufig die Perspektiven Markt/Kunden, Mitarbeiter und Prozesse eingesetzt. So bietet es sich an, über Workflows eine entsprechende Schnittstelle zur Balanced Scorecard zu schaffen, sofern diese im Unternehmen eingesetzt wird.

Visualisierungsmöglichkeiten

Für die Auswertung und Aufbereitung der Verfahrensergebnisse sind die Visualisierungsmöglichkeiten von großer Bedeutung. Da die behandelten Verfahren und resultierenden Ergebnisse in der Regel relativ komplex und interpretationsbedürftig sind, erleichtert eine graphische Aufbereitung das Verständnis. In der Regel bietet sich hier die Schaffung von Schnittstellen zum im Unternehmen eingesetzter Bürostandardsoftware, wie z. B. MS-Office, an, weil die Mitarbeiter mit diesen Programmen bereits vertraut sind und sich deshalb ein derartiges Vorgehen aus den bereits diskutierten Gründen als effizient und effektiv erweist.

5.2 Methodische Funktionalitäten

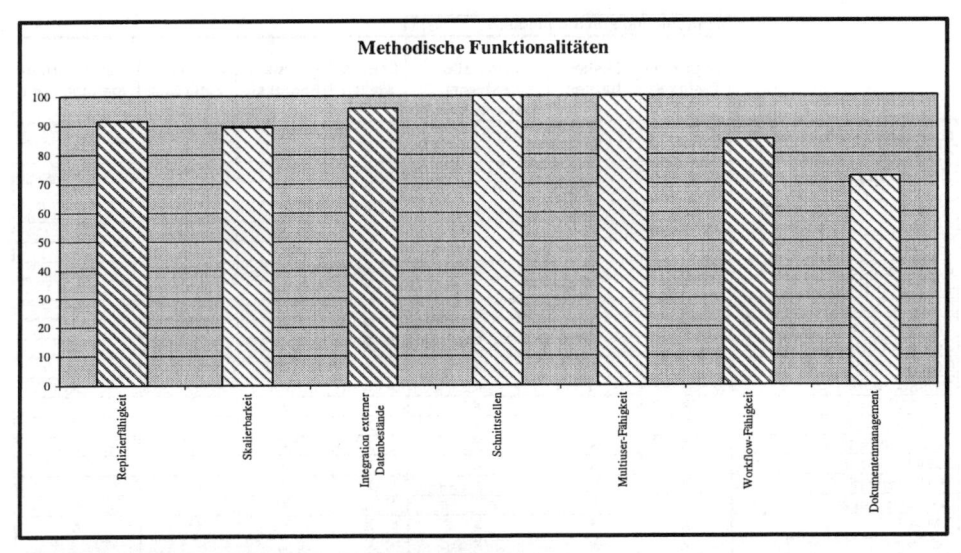

Abbildung 14: Methodische Funktionalitäten (I)

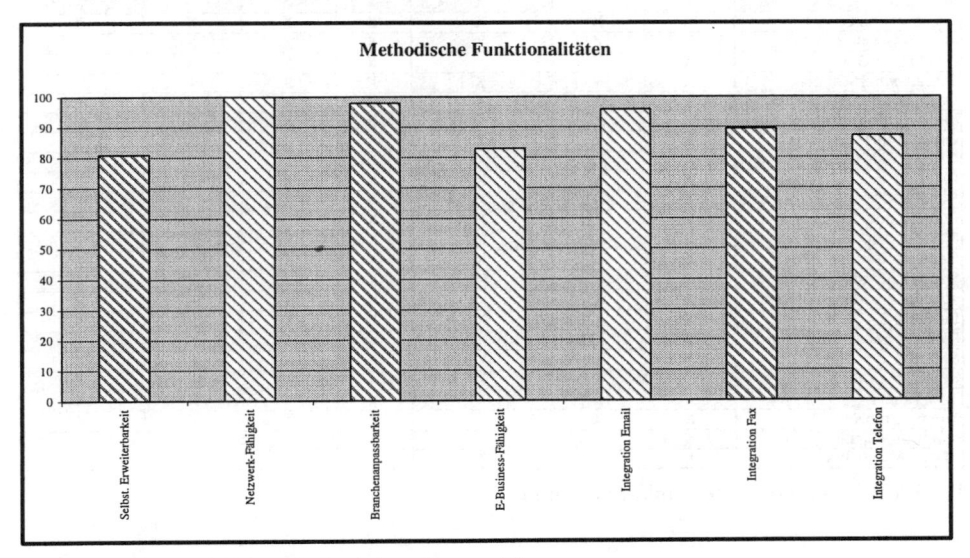

Abbildung 15: Methodische Funktionalitäten (II)

Die methodischen Funktionalitäten stellen vielfach einen Marktstandard dar, je nachdem ob die inhaltlichen Funktionalitäten durch die CRM-Software unterstützt werden. Unternehmen sollten deshalb bei der Softwareauswahl für den Einzelfall jeweils prüfen, ob das Nichtvorhandensein einer methodischen Funktionalität Ihnen zum Nachteil gereicht.

	Methodische Funktionalitäten						
	Replizier-fähigkeit	Skalier-barkeit	Integration externer Datenbestände	Schnitt-stellen	Multiuser-Fähigkeit	Workflow-Fähigkeit	Dokumenten-management
Ackerschott	X	X	X	X	X	X	X
Applix GmbH	X	X	X	X	X	X	X
audius GmbH	X	X	X	X	X	X	X
bit by bit Software AG		Mitte 2000	Mitte 2000	X	X	Mitte 2000	X
bowi GmbH	X	X	X	X	X	X	X
brainware.crm AG	X	X	X	X	X	X	X
camos GmbH	X	X	X	X	X	X	X
CAS Software AG	X	X	X	X	X	X	X
CCC GmbH	X		X	X	X	X	X
CINCOM	X	X	X	X	X	X	X
Clarfiy GmbH	X	X	X	X	X		
Cobra GmbH			X	X	X		X
Cognos GmbH	X	X	X	X	X		
combit GmbH	X	X	X	X	X	X	X
CompAS GmbH	X	X	X	X	X	X	X
CSB-SYSTEM AG	X	X	X	X	X	X	X
Cursor Software AG	X	X	X	X	X	X	X
Dolphin GmbH		X	X	X	X		
EHP Informatik GmbH	X	X	X	X	X	X	
FirePond GmbH	X	X	X	X	X	X	
FJA AG	X	X	X	X	X	X	X
GODEsys GmbH	X	X	X	X	X		
Grutzeck-Software GmbH	X	X	X	X	X	X	X
mediaCo - A.R. Stachorski	X		X	X	X		X
msp systems GmbH	X	X	X	X	X	X	X
myview technologies	X	X	X	X	X	X	X
NetConsult GmbH	X	X		X	X	X	
OfficeKomfort GmbH	X		X	X	X	X	X
Onlinepartners.de GmbH		X	X	X	X	X	
oPen Software GmbH	X	X	X	X	X	X	
Orbis GmbH	X	X	X	X	X	X	X
ORGAPLAN GmbH			X	X	X	X	
PAVONE AG	X	X	X	X	X	X	X
PLANWARE	X	X	X	X	X	X	
POINT GmbH	X	X	X	X	X	X	X
PTV GmbH	X	X	X	X	X	X	
Regware GmbH	X	X	X	X	X	X	X
Saratoga Systems GmbH	X	X	X	X	X	X	X
schmidt e-services GmbH	X	X					
Selligent SA	X	X	X	X	X	X	X
Siebel Systems GmbH	X	X	X	X	X	X	X
SMF KG	X	X	X	X	X	X	X
SuperOffice GmbH	X	X	X	X	X	X	X
TDV GmbH	X	X	X	X	X	X	X
Team4 GmbH	X	X	X	X	X	X	X
teamware GmbH	X	X	X	X	X		
UNiQUARE GmbH	X	X	X	X	X	X	X

Tabelle 16: Methodische Funktionalitäten (I)

Methodische Funktionalitäten 101

	Methodische Funktionalitäten						
	Selbst. Erweiterbarkeit	Netzwerk-Fähigkeit	Branchenanpassbarkeit	E-Business-Fähigkeit	Integration Email	Integration Fax	Integration Telefon
Ackerschott		X	X	X	X	X	X
Applix GmbH	X	X	X	X	X	X	X
audius GmbH	X	X	X	X	X	X	X
bit by bit Software AG	X	X	X	Mitte 2000	X	X	X
bowi GmbH	X	X	X	X	X	X	X
brainware.crm AG	X	X	X	X	X	X	X
camos GmbH	X	X	X	X	X	X	X
CAS Software AG	X	X	X	X	X	X	X
CCC GmbH	X	X	X		X	X	X
CINCOM	X	X	X		X	X	X
Clarfiy GmbH	X	X	X	X	X	X	X
Cobra GmbH		X	X		X	X	X
Cognos GmbH	X	X	X	X	X	X	X
combit GmbH	X	X	X	X	X	X	X
CompAS GmbH	X	X	X	X	X	X	X
CSB-SYSTEM AG		X	X	X	X	X	X
Cursor Software AG	X	X	X		X	X	X
Dolphin GmbH		X	X	X	X	X	X
EHP Informatik GmbH	X	X	X	X	X	X	X
FirePond GmbH	X	X	X	X	X	X	
FJA AG	X	X	X	X	X	X	X
GODEsys GmbH	X	X	X	X	X	X	X
Grutzeck-Software GmbH	X	X	X	X	X	X	X
mediaCo - A.R. Stachorski		X	X		X		
msp systems GmbH	X	X	X	X	X	X	X
myview technologies	X	X	X	X	X		
NetConsult GmbH	X	X	X	X	X	X	X
OfficeKomfort GmbH	X	X	X		X	X	X
Onlinepartners.de GmbH	X	X	X	X			
oPen Software GmbH		X	X	X	X	X	
Orbis GmbH	X	X	X	X	X	X	X
ORGAPLAN GmbH	X	X	X		X		X
PAVONE AG	X	X	X	X	X	X	optional
PLANWARE	X	X	X	X	X	X	X
POINT GmbH	X	X	X	X	X	X	X
PTV GmbH		X	X				
Regware GmbH	X	X	X	X	X	X	X
Saratoga Systems GmbH	X	X	X	X	X	X	X
schmidt e-services GmbH	X	X	X	X	X	X	X
Selligent SA	X	X	X	X	X	X	X
Siebel Systems GmbH	X	X	X	X	X	X	X
SMF KG		X	X		X	X	X
SuperOffice GmbH	X	X	X	X	X	X	X
TDV GmbH	X	X		X	X	X	X
Team4 GmbH	X	X	X	X	X	X	X
teamware GmbH		X	X	X	X	X	X
UNiQUARE GmbH	X	X	X	X	X	X	X

Tabelle 17: Methodische Funktionalitäten (II)

Erläuterungsbedürftig sind die Funktionalitäten Replizierfähigkeit und Workflowfähigkeit.

Replizierfähigkeit

Die methodische Funktionalität Replizierfähigkeit bezeichnet die Möglichkeit des automatisierten Datenabgleichs bzw. der Aktualisierung, z. B. zwischen der Datenbank des Nutzers und der zentralen Datenbank.

Workflowfähigkeit

Die methodische Funktionalität Workflowfähigkeit unterstützt die Abarbeitung strukturierter Geschäftsprozesse. Dazu wird die Weiterleitung der jeweils benötigten Informationen von einem Arbeitsschritt zum nächsten automatisiert eingeleitet.

5.3 IT – Umfeld

Im Rahmen der Fragen nach dem IT-Umfeld ist zwischen den unterstützten Betriebssystemen und Datenbanken sowie den verwendeten Programmiersprachen unterschieden worden. Um zusätzliche Investitionen in die IT-Infrastruktur zu vermeiden, sollten Unternehmen darauf achten, daß ihre Systemlandschaft zu den vom Anbieter unterstützen Betriebssystemen und Datenbanken paßt.

5.3.1 Betriebssysteme

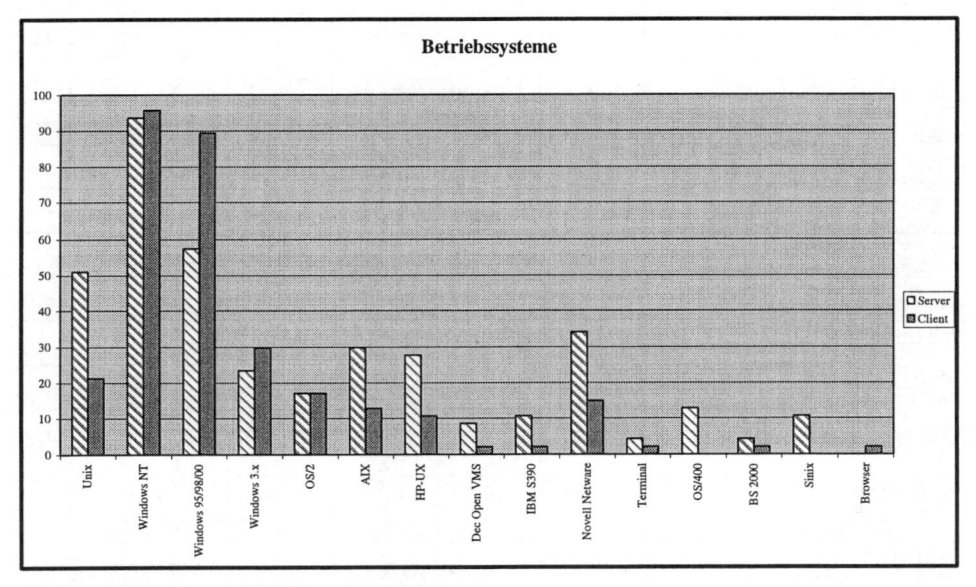

Abbildung 16: Betriebssysteme

In der obigen Abbildung ist die Anbieterdurchdringung hinsichtlich unterstützter Betriebssysteme auf Server- und Clientseite dargestellt. Es wird aufgezeigt, wieviel Prozent der untersuchten CRM-Softwareprogramme unter dem jeweiligen Betriebssystem lauffähig sind. Angemerkt sei, daß Mehrfachnennungen möglich waren so daß sich die Prozentwerte nicht zu 100% addieren. Aufgrund des häufigen Einsatzes im Unternehmen ist es nicht verwunderlich, daß bei der Betriebssystemunterstützung Windows NT dominiert.

In der folgenden Tabelle sind die von den Lösungen der einzelnen CRM-Anbieter unterstützten Betriebssysteme aufgelistet.

	Welche Betriebssysteme werden unterstützt?					
	Unix		Windows NT		Windows 95/98/00	
	Server	Client	Server	Client	Server	Client
Ackerschott	X			X		X
Applix GmbH	X	X	X	X		X
audius GmbH			X	X	X	X
bit by bit Software AG	X		X	X	X	X
bowi GmbH	X		X	X	X	X
brainware.crm AG	X		X	X	X	X
camos GmbH			X	X	X	X
CAS Software AG		X	X	X		X
CCC GmbH			X	X	X	X
CINCOM	X	X	X	X		
Clarfiy GmbH	X	X	X	X		X
Cobra GmbH			X	X	X	X
Cognos GmbH	X	X	X	X	X	X
combit GmbH			X	X		
CompAS GmbH	X		X	X		X
CSB-SYSTEM AG			X	X	X	X
Cursor Software AG				X		X
Dolphin GmbH	X	X	X	X		
EHP Informatik GmbH	X	X	X	X	X	X
FirePond GmbH	X		X	X		X
FJA AG	X	X	X	X	X	X
GODEsys GmbH	X		X	X	X	X
Grutzeck-Software GmbH			X	X	X	X
mediaCo - A.R. Stachorski			X	X	X	X
msp systems GmbH	X		X	X	X	X
myview technologies	X		X			
NetConsult GmbH			X	X	X	X
OfficeKomfort GmbH			X	X	X	X
Onlinepartners.de GmbH			X	X		X
oPen Software GmbH			X	X	X	X
Orbis GmbH	X		X	X	X	X
ORGAPLAN GmbH			X	X		
PAVONE AG	X		X	X	X	X
PLANWARE			X	X	X	X
POINT GmbH			X	X		
PTV GmbH			X	X	X	X
Regware GmbH	X		X	X	X	X
Saratoga Systems GmbH			X	X		X
schmidt e-services GmbH			X	X	X	X
Selligent SA			X	X		X
Siebel Systems GmbH	X	X	X	X		X
SMF KG	X		X	X		
SuperOffice GmbH	X		X	X	X	X
TDV GmbH			X	X	X	X
Team4 GmbH	X		X	X		
Teamware GmbH			X	X		X
UNiQUARE GmbH	X	X	X	X	X	X

Tabelle 18: Betriebssysteme (I)

IT – Umfeld

	Welche Betriebssysteme werden unterstützt?					
	Windows 3.x		OS/2		AIX	
	Server	Client	Server	Client	Server	Client
Ackerschott		X		X	X	
Applix GmbH		X		X	X	X
audius GmbH						
bit by bit Software AG	X	X				
bowi GmbH			X		X	
brainware.crm AG						
camos GmbH						
CAS Software AG						
CCC GmbH	X	X				
CINCOM						
Clarfiy GmbH					X	X
Cobra GmbH						
Cognos GmbH	X	X	X	X	X	X
combit GmbH	X	X				
CompAS GmbH		X	X			
CSB-SYSTEM AG	X	X	X	X		
Cursor Software AG						
Dolphin GmbH						
EHP Informatik GmbH			X	X	X	X
FirePond GmbH						
FJA AG			X	X	X	X
GODEsys GmbH						
Grutzeck-Software GmbH	X	X				
mediaCo - A.R. Stachorski						
msp systems GmbH						
myview technologies						
NetConsult GmbH						
OfficeKomfort GmbH						
Onlinepartners.de GmbH						
oPen Software GmbH						
Orbis GmbH	X	X			X	
ORGAPLAN GmbH			X	X		
PAVONE AG					X	
PLANWARE	X	X			X	
POINT GmbH				X		
PTV GmbH						
Regware GmbH	X	X			X	
Saratoga Systems GmbH						
schmidt e-services GmbH	X	X				
Selligent SA		X				
Siebel Systems GmbH					Mitte 2000	
SMF KG					X	
SuperOffice GmbH	X		X		X	
TDV GmbH						
Team4 GmbH						
Teamware GmbH						
UNiQUARE GmbH			X	X	X	X

Tabelle 19: Betriebssysteme (II)

	Welche Betriebssysteme werden unterstützt?					
	HP-UX		Dec Open VMS		IBM S390	
	Server	Client	Server	Client	Server	Client
Ackerschott	X				X	
Applix GmbH	X	X		X		
audius GmbH						
bit by bit Software AG						
bowi GmbH	X					
brainware.crm AG						
carnos GmbH						
CAS Software AG						
CCC GmbH						
CINCOM	X		X			
Clarfiy GmbH	X	X	X			
Cobra GmbH						
Cognos GmbH	X	X				
combit GmbH						
CompAS GmbH						
CSB-SYSTEM AG						
Cursor Software AG						
Dolphin GmbH						
EHP Informatik GmbH	X	X				
FirePond GmbH						
FJA AG	X	X			X	X
GODEsys GmbH						
Grutzeck-Software GmbH						
mediaCo - A.R. Stachorski						
msp systems GmbH						
myview technologies						
NetConsult GmbH						
OfficeKomfort GmbH						
Onlinepartners.de GmbH						
oPen Software GmbH						
Orbis GmbH	X		X			
ORGAPLAN GmbH						
PAVONE AG	X				X	
PLANWARE	X					
POINT GmbH						
PTV GmbH						
Regware GmbH			X		X	
Saratoga Systems GmbH						
schmidt e-services GmbH						
Selligent SA						
Siebel Systems GmbH	geplant				X	
SMF KG	X					
SuperOffice GmbH	X					
TDV GmbH						
Team4 GmbH						
Teamware GmbH						
UNiQUARE GmbH						

Tabelle 20: Betriebssysteme (III)

IT – Umfeld

	Welche Betriebssysteme werden unterstützt?					
	Novell Netware		Terminal		OS/400	
	Server	Client	Server	Client	Server	Client
Ackerschott	X				X	
Applix GmbH						
audius GmbH						
bit by bit Software AG	X					
bowi GmbH	X	X			X	
brainware.crm AG	X					
camos GmbH						
CAS Software AG						
CCC GmbH	X	X				
CINCOM						
Clarfiy GmbH	X	X				
Cobra GmbH						
Cognos GmbH		X				
combit GmbH	X					
CompAS GmbH	X					
CSB-SYSTEM AG	X	X	X	X		
Cursor Software AG						
Dolphin GmbH						
EHP Informatik GmbH						
FirePond GmbH						
FJA AG						
GODEsys GmbH	X					
Grutzeck-Software GmbH						
mediaCo - A.R. Stachorski						
msp systems GmbH	X	X				
myview technologies						
NetConsult GmbH						
OfficeKomfort GmbH						
Onlinepartners.de GmbH						
oPen Software GmbH						
Orbis GmbH	X					
ORGAPLAN GmbH						
PAVONE AG					X	
PLANWARE	X				X	
POINT GmbH						
PTV GmbH						
Regware GmbH	X	X	X		X	
Saratoga Systems GmbH						
schmidt e-services GmbH						
Selligent SA						
Siebel Systems GmbH						
SMF KG	X					
SuperOffice GmbH	X	plus LinuX-Server und Webclient				
TDV GmbH						
Team4 GmbH					X	
Teamware GmbH						
UNiQUARE GmbH						

Tabelle 21: Betriebssysteme (IV)

	Welche Betriebssysteme werden unterstützt?					
	BS 2000		Sinix		Browser	
	Server	Client	Server	Client	Server	Client
Ackerschott	X		X			
Applix GmbH						
audius GmbH						
bit by bit Software AG						
bowi GmbH			X			
brainware.crm AG						
camos GmbH						
CAS Software AG						
CCC GmbH						
CINCOM						
Clarfiy GmbH						
Cobra GmbH						
Cognos GmbH						
combit GmbH						
CompAS GmbH						
CSB-SYSTEM AG						
Cursor Software AG		X				
Dolphin GmbH						
EHP Informatik GmbH						
FirePond GmbH						
FJA AG						
GODEsys GmbH						
Grutzeck-Software GmbH						
mediaCo - A.R. Stachorski						
msp systems GmbH						
myview technologies						
NetConsult GmbH						
OfficeKomfort GmbH						
Onlinepartners.de GmbH						
oPen Software GmbH						
Orbis GmbH			X			
ORGAPLAN GmbH						
PAVONE AG						X
PLANWARE			X			
POINT GmbH						
PTV GmbH						
Regware GmbH	X					
Saratoga Systems GmbH						
schmidt e-services GmbH						
Selligent SA						
Siebel Systems GmbH						
SMF KG			X			
SuperOffice GmbH						
TDV GmbH						
Team4 GmbH						
Teamware GmbH						
UNiQUARE GmbH						

Tabelle 22: Betriebssysteme (V)

5.3.2 Datenbanken

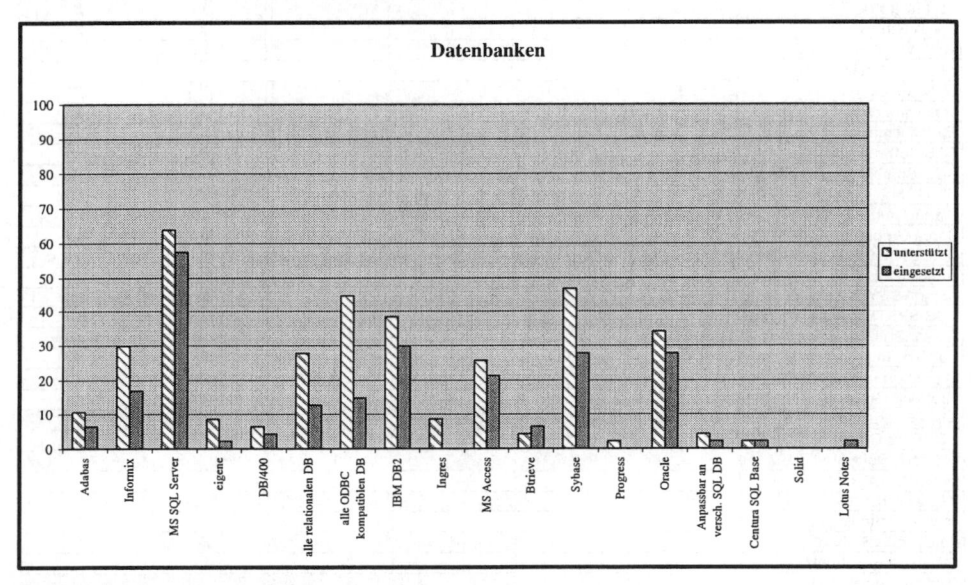

Abbildung 17: Datenbanken

In der obigen Abbildung ist die Anbieterdurchdringung hinsichtlich unterstützter und eingesetzter Datenbanken dargestellt. Es wird aufgezeigt, wieviel Prozent der untersuchten CRM-Softwareprogramme die jeweiligen Datenbanken unterstützen bzw. einsetzen. Angemerkt sei, daß Mehrfachnennungen möglich waren, so daß sich die Prozentwerte nicht zu 100% addieren. Auffällig ist, daß wie bei den Betriebssystemen das Microsoft-Produkt MS-SQL-Server – wenn auch in geringerem Ausmaß – dominierend ist.

In der folgenden Tabelle sind die von den Lösungen der einzelnen CRM-Anbieter unterstützten und eingesetzten Datenbanken aufgelistet.

	Welche Datenbanken werden unterstützt?					
	Adabas		Informix		MS SQL Server	
	unterstützt	eingesetzt	unterstützt	eingesetzt	unterstützt	eingesetzt
Ackerschott			X	X	X	X
Applix GmbH			X	X	X	X
audius GmbH			X		X	X
bit by bit Software AG						
bowi GmbH	X		X		X	X
brainware.crm AG					X	X
camos GmbH			X	X	X	X
CAS Software AG					X	
CCC GmbH						
CINCOM					X	X
Clarfiy GmbH					X	X
Cobra GmbH						
Cognos GmbH			X		X	
combit GmbH						
CompAS GmbH					X	
CSB-SYSTEM AG						
Cursor Software AG	k. A.	k. A.	k. A.	k. A.	k. A.	k. A.
Dolphin GmbH	X	X			X	X
EHP Informatik GmbH			X		X	X
FirePond GmbH			X		X	X
FJA AG			X		X	X
GODEsys GmbH	X	X			X	X
Grutzeck-Software GmbH						
mediaCo - A.R. Stachorski						
msp systems GmbH					X	X
myview technologies					X	X
NetConsult GmbH					X	X
OfficeKomfort GmbH						
Onlinepartners.de GmbH						
oPen Software GmbH					X	X
Orbis GmbH					X	X
ORGAPLAN GmbH						
PAVONE AG						
PLANWARE						
POINT GmbH			X	X	X	X
PTV GmbH						
Regware GmbH	X			X		X
Saratoga Systems GmbH			X	X	X	X
schmidt e-services GmbH						
Selligent SA			X		X	
Siebel Systems GmbH			X	X	X	X
SMF KG				X		X
SuperOffice GmbH					X	
TDV GmbH					X	X
Team4 GmbH	X	X			X	X
Teamware GmbH					X	X
UNiQUARE GmbH			X		X	X

Tabelle 23: Datenbanken (I)

IT – Umfeld

	Welche Datenbanken werden unterstützt?					
	eigene		DB/400		alle relationalen DB	
	unterstützt	eingesetzt	unterstützt	eingesetzt	unterstützt	eingesetzt
Ackerschott			X	X	X	X
Applix GmbH						
audius GmbH					X	X
bit by bit Software AG	X					
bowi GmbH			X		X	
brainware.crm AG						
camos GmbH						
CAS Software AG						
CCC GmbH						
CINCOM					X	
Clarfly GmbH						
Cobra GmbH						
Cognos GmbH			X		X	
combit GmbH	X					
CompAS GmbH					X	
CSB-SYSTEM AG						
Cursor Software AG	k. A.	k. A.	k. A.	k. A.	k. A.	k. A.
Dolphin GmbH					X	X
EHP Informatik GmbH					X	X
FirePond GmbH						
FJA AG					X	
GODEsys GmbH						
Grutzeck-Software GmbH	X	X				
mediaCo - A.R. Stachorski					X	
msp systems GmbH						
myview technologies						
NetConsult GmbH						
OfficeKomfort GmbH						
Onlinepartners.de GmbH						
oPen Software GmbH						
Orbis GmbH						
ORGAPLAN GmbH						
PAVONE AG					X	
PLANWARE						
POINT GmbH						
PTV GmbH	X					
Regware GmbH				X		X
Saratoga Systems GmbH						
schmidt e-services GmbH						
Selligent SA						
Siebel Systems GmbH						
SMF KG						
SuperOffice GmbH						
TDV GmbH						
Team4 GmbH					X	X
Teamware GmbH						
UNiQUARE GmbH					X	

Tabelle 24: Datenbanken (II)

	Welche Datenbanken werden unterstützt?					
	alle ODBC kompatiblen DB		IBM DB2		Ingres	
	unterstützt	eingesetzt	unterstützt	eingesetzt	unterstützt	eingesetzt
Ackerschott			X	X	X	
Applix GmbH	X		X	X		
audius GmbH	X	X	X	X		
bit by bit Software AG						
bowi GmbH	X	X	X			
brainware.crm AG						
camos GmbH	X		X	X		
CAS Software AG						
CCC GmbH	X					
CINCOM	X					
Clarfiy GmbH			X	X		
Cobra GmbH						
Cognos GmbH	X		X			
combit GmbH						
CompAS GmbH	X					
CSB-SYSTEM AG						
Cursor Software AG	k. A.	k. A.	k. A.	k. A.	k. A.	k. A.
Dolphin GmbH			X	X		
EHP Informatik GmbH			X			
FirePond GmbH	X	X	X			
FJA AG	X		X	X	X	
GODEsys GmbH						
Grutzeck-Software GmbH						
mediaCo - A.R. Stachorski	X					
msp systems GmbH						
myview technologies	X	X				
NetConsult GmbH						
OfficeKomfort GmbH						
Onlinepartners.de GmbH	X					
oPen Software GmbH	X					
Orbis GmbH						
ORGAPLAN GmbH	X		X	X		
PAVONE AG	X		X			
PLANWARE	X	X				
POINT GmbH			X	X		
PTV GmbH	X	X				
Regware GmbH		X		X	X	
Saratoga Systems GmbH			X	X		
schmidt e-services GmbH						
Selligent SA	X					
Siebel Systems GmbH			X	X		
SMF KG	X					
SuperOffice GmbH						
TDV GmbH	X					
Team4 GmbH			X	X		
Teamware GmbH						
UNiQUARE GmbH	X		X	X	X	

Tabelle 25: Datenbanken (III)

IT – Umfeld

	Welche Datenbanken werden unterstützt?					
	MS Access		Btrieve		Sybase	
	unterstützt	eingesetzt	unterstützt	eingesetzt	unterstützt	eingesetzt
Ackerschott	X	X	X	X	X	X
Applix GmbH	X	X				
audius GmbH	X					
bit by bit Software AG						
bowi GmbH						
brainware.crm AG	X	X			X	X
camos GmbH	X	X			X	X
CAS Software AG						
CCC GmbH		X				
CINCOM						
Clarfiy GmbH	X	X			X	X
Cobra GmbH	X	X				
Cognos GmbH	X				X	
combit GmbH						
CompAS GmbH					X	X
CSB-SYSTEM AG				X		
Cursor Software AG	k. A.	k. A.	k. A.	k. A.	k. A.	k. A.
Dolphin GmbH	X	X			X	X
EHP Informatik GmbH					X	
FirePond GmbH					X	X
FJA AG	X	X			X	X
GODEsys GmbH						
Grutzeck-Software GmbH			X	X		
mediaCo - A.R. Stachorski						
msp systems GmbH						
myview technologies						
NetConsult GmbH						
OfficeKomfort GmbH						
Onlinepartners.de GmbH					X	
oPen Software GmbH	X	X			X	X
Orbis GmbH						
ORGAPLAN GmbH					X	
PAVONE AG						
PLANWARE						
POINT GmbH					X	X
PTV GmbH						
Regware GmbH					X	
Saratoga Systems GmbH					X	X
schmidt e-services GmbH						
Selligent SA					X	
Siebel Systems GmbH					X	X
SMF KG					X	
SuperOffice GmbH					X	
TDV GmbH	X				X	X
Team4 GmbH						
Teamware GmbH						
UNiQUARE GmbH					X	

Tabelle 26: Datenbanken (IV)

	Welche Datenbanken werden unterstützt?					
	Progress		Oracle		Anpassbar an versch. SQL DB	
	unterstützt	eingesetzt	unterstützt	eingesetzt	unterstützt	eingesetzt
Ackerschott	X					
Applix GmbH			X	X		
audius GmbH						
bit by bit Software AG						
bowi GmbH						
brainware.crm AG						
camos GmbH			X	X		
CAS Software AG			X			
CCC GmbH						
CINCOM			X	X		
Clarfiy GmbH			X	X		
Cobra GmbH						
Cognos GmbH						
combit GmbH						
CompAS GmbH						
CSB-SYSTEM AG						
Cursor Software AG	k. A.	k. A.	k. A.	k. A.	k. A.	k. A.
Dolphin GmbH						
EHP Informatik GmbH						
FirePond GmbH			X	X		
FJA AG			X	X		
GODEsys GmbH			X	X	X	X
Grutzeck-Software GmbH						
mediaCo - A.R. Stachorski						
msp systems GmbH			X	X		
myview technologies			X	X		
NetConsult GmbH						
OfficeKomfort GmbH					X	
Onlinepartners.de GmbH						
oPen Software GmbH						
Orbis GmbH			X	X		
ORGAPLAN GmbH			X	X		
PAVONE AG						
PLANWARE						
POINT GmbH						
PTV GmbH						
Regware GmbH						
Saratoga Systems GmbH						
schmidt e-services GmbH						
Selligent SA			X			
Siebel Systems GmbH			X	X		
SMF KG						
SuperOffice GmbH			X			
TDV GmbH						
Team4 GmbH						
Teamware GmbH						
UNiQUARE GmbH			X	X		

Tabelle 27: Datenbanken (V)

IT – Umfeld

	Welche Datenbanken werden unterstützt?					
	Centura SQL Base		Solid		Lotus Notes	
	unterstützt	eingesetzt	unterstützt	eigesetzt	unterstützt	eingesetzt
Ackerschott						
Applix GmbH						
audius GmbH						
bit by bit Software AG						
bowi GmbH						
brainware.crm AG						
camos GmbH						
CAS Software AG						
CCC GmbH						
CINCOM						
Clarfiy GmbH						
Cobra GmbH						
Cognos GmbH						
combit GmbH						
CompAS GmbH						
CSB-SYSTEM AG						
Cursor Software AG	k. A.	k. A.	k. A.	k. A.	k. A.	k. A.
Dolphin GmbH						
EHP Informatik GmbH						
FirePond GmbH						
FJA AG						
GODEsys GmbH	X	X				
Grutzeck-Software GmbH						
mediaCo - A.R. Stachorski						
msp systems GmbH						
myview technologies						
NetConsult GmbH						
OfficeKomfort GmbH						
Onlinepartners.de GmbH						
oPen Software GmbH						
Orbis GmbH						
ORGAPLAN GmbH						
PAVONE AG						X
PLANWARE						
POINT GmbH						
PTV GmbH						
Regware GmbH						
Saratoga Systems GmbH						
schmidt e-services GmbH						
Selligent SA						
Siebel Systems GmbH						
SMF KG						
SuperOffice GmbH						
TDV GmbH						
Team4 GmbH						
Teamware GmbH						
UNiQUARE GmbH						

Tabelle 28: Datenbanken (VI)

5.3.3 Programmiersprachen

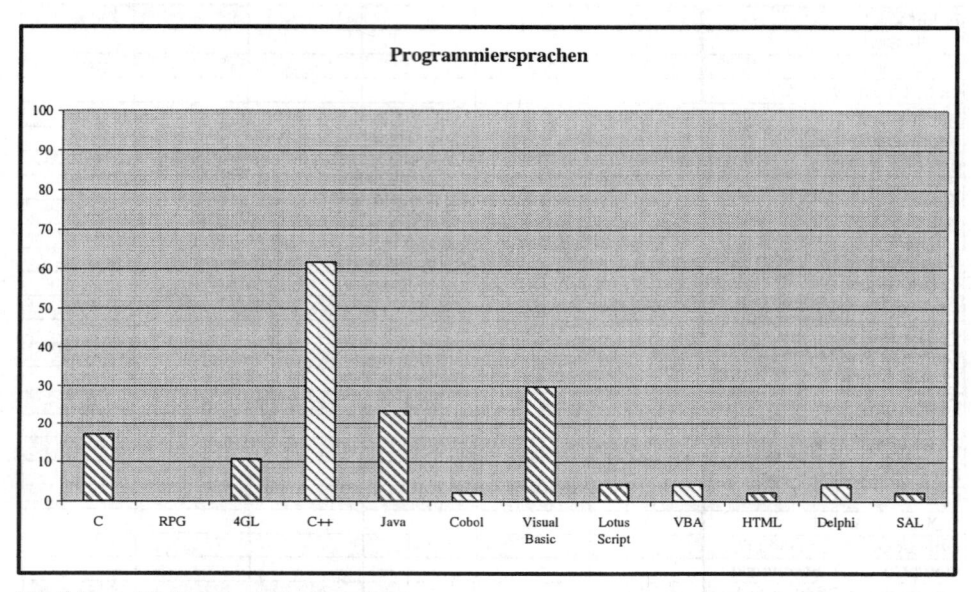

Abbildung 18: Programmiersprachen

In der obigen Abbildung ist die Anbieterdurchdringung hinsichtlich verwendeter Programmiersprachen dargestellt. Es wird aufgezeigt, wieviel Prozent der untersuchten CRM-Softwareprogramme die jeweilige Programmiersprache einsetzen. Angemerkt sei, daß Mehrfachnennungen möglich waren, so daß sich die Prozentwerte nicht zu 100% addieren. Es fällt auf, daß über die Hälfte der Anbieter C++ einsetzen.

In der folgenden Tabelle sind die von den Lösungen der einzelnen CRM-Anbieter verwendeten Programmiersprachen aufgelistet.

IT – Umfeld

	Welche Programmiersprachen werden unterstützt?											
	C	RPG	4GL	C++	Java	Cobol	Visual Basic	Lotus Script	VBA	HTML	Delphi	SAL
Ackerschott				X	X	X						
Applix GmbH	X			X	X							
audius GmbH	X			X								
bit by bit Software AG	X								X			
bowi GmbH			X	X								
brainware.crm AG							X					
camos GmbH				X	X							
CAS Software AG											X	
CCC GmbH							X					
CINCOM												
Clarfiy GmbH	X			X	X							
Cobra GmbH				X								
Cognos GmbH							X					
combit GmbH				X							X	
CompAS GmbH				X								
CSB-SYSTEM AG				X		X						
Cursor Software AG				X			X					
Dolphin GmbH												
EHP Informatik GmbH					X							
FirePond GmbH					X							
FJA AG	X			X	X							
GODEsys GmbH	X		X	X			X					
Grutzeck-Software GmbH				X								
mediaCo - A.R. Stachorski												
msp systems GmbH			X				X			X		
myview technologies				X	X							
NetConsult GmbH				X			X					
OfficeKomfort GmbH							X		X			
Onlinepartners.de GmbH				X								
oPen Software GmbH				X			X					
Orbis GmbH				X			X					
ORGAPLAN GmbH				X	X							
PAVONE AG								X				
PLANWARE	X			X			X					
POINT GmbH				X								
PTV GmbH												
Regware GmbH				X								
Saratoga Systems GmbH				X								
schmidt e-services GmbH												
Selligent SA				X								X
Siebel Systems GmbH				X	X		X					
SMF KG			X	X								
SuperOffice GmbH				X	X							
TDV GmbH				X			X					
Team4 GmbH				X				X				
Teamware GmbH							X					
UNiQUARE GmbH	X				X							

Tabelle 29: Programmiersprachen

5.4 Service

Im folgenden werden die von den Anbietern untersuchten Serviceleistungen analysiert. Dabei wird unterschieden zwischen den zur Verfügung gestellten Schulungsmaterialien (Kapitel 5.3.1) und den Maßnahmen zur Unterstützung bei auftretenden Problemen (Kapitel 5.3.2).

5.4.1 Schulungsmaterialien

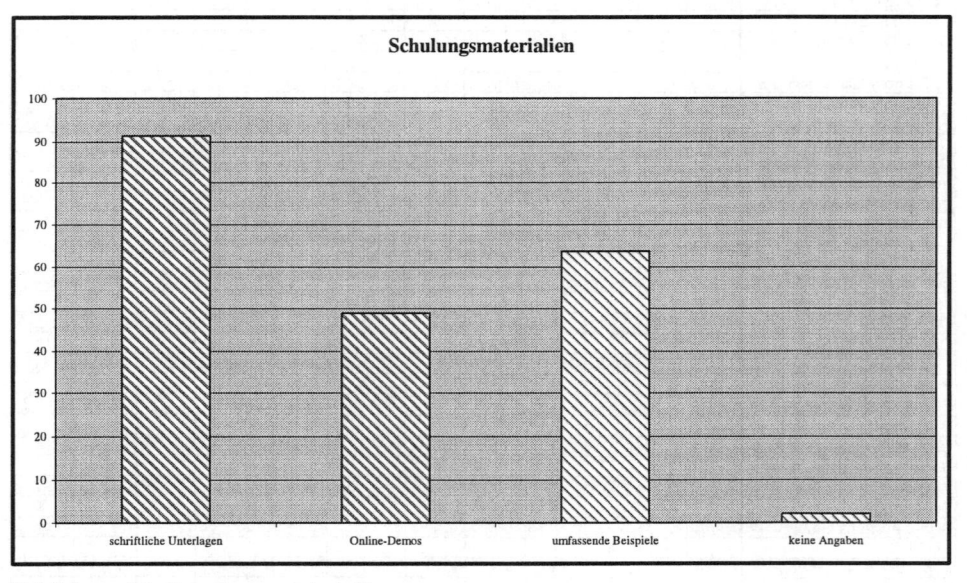

Abbildung 19: Schulungsmaterialien

Bei dem Angebot von Schulungsmaterialien herrschen noch die klassischen schriftlichen Unterlagen vor. Neue Formen des E-Learning, wie z. B. Online-Coaching, werden sich erst in Zukunft durchsetzen. Anzumerken ist, daß Online-Demos auch den Auswahlprozeß unterstützen, da sich darüber eine erster Eindruck von der Software gemacht werden kann.

Die folgende Tabelle verdeutlicht, welches Unternehmen welche Art von Schulungsunterlagen bietet.

	Schulungsmaterialien					
	schriftliche Unterlagen	Online-Demos	umfassende Beispiele	in deutsch	in englisch	in sonst. Sprachen
Ackerschott	X	X	X	X	X	F
Applix GmbH	X		X	X	X	
audius GmbH	X	X		X	X	
bit by bit Software AG	X		X	X		
bowi GmbH	X	X	X	X	X	
brainware.crm AG	X	X		X		
camos GmbH	X		X	X	X	
CAS Software AG	X			X		
CCC GmbH	X	X	X	X		
CINCOM	k. A.	k. A.	k. A.	k. A.	k. A.	k. A.
Clarfiy GmbH	X	X		X	X	F, Esp.
Cobra GmbH	X	X	X	X		
Cognos GmbH	X		X	X	X	F
combit GmbH	X		X			
CompAS GmbH	X	X	X	X		
CSB-SYSTEM AG	X		X	X	X	F, Esp. (>25)
Cursor Software AG	X		X	X	X	F
Dolphin GmbH	X	X	X	X	X	
EHP Informatik GmbH	X			X	X	
FirePond GmbH	X	X	X		X	
FJA AG	X	X	X	X	X	
GODEsys GmbH	X			X		
Grutzeck-Software GmbH	X		X	X		
mediaCo - A.R. Stachorski	X	X	X	X		
msp systems GmbH	X	X	X	X	X	
myview technologies	X	X	X	X	X	
NetConsult GmbH	X			X	X	
OfficeKomfort GmbH		X	X			
Onlinepartners.de GmbH		X	X			
oPen Software GmbH	X			X		
Orbis GmbH	X		X	X	X	F
ORGAPLAN GmbH	X		X	X		
PAVONE AG	X			X	X	
PLANWARE	X		X	X		
POINT GmbH	X		X	X	X	
PTV GmbH	X	X	X	X	X	
Regware GmbH	X	X		X	X	
Saratoga Systems GmbH	X					
schmidt e-services GmbH						
Selligent SA	X				X	F
Siebel Systems GmbH	X	X	X		X	
SMF KG	X			X		
SuperOffice GmbH	X	X	X	X	X	
TDV GmbH	X	X	X	X	X	
Team4 GmbH	X			X	X	
Teamware GmbH	X	X		X		
UNiQUARE GmbH	X		X	X	X	

Tabelle 30: Schulungsmaterialien

5.4.2 Unterstützung

Unterstützung

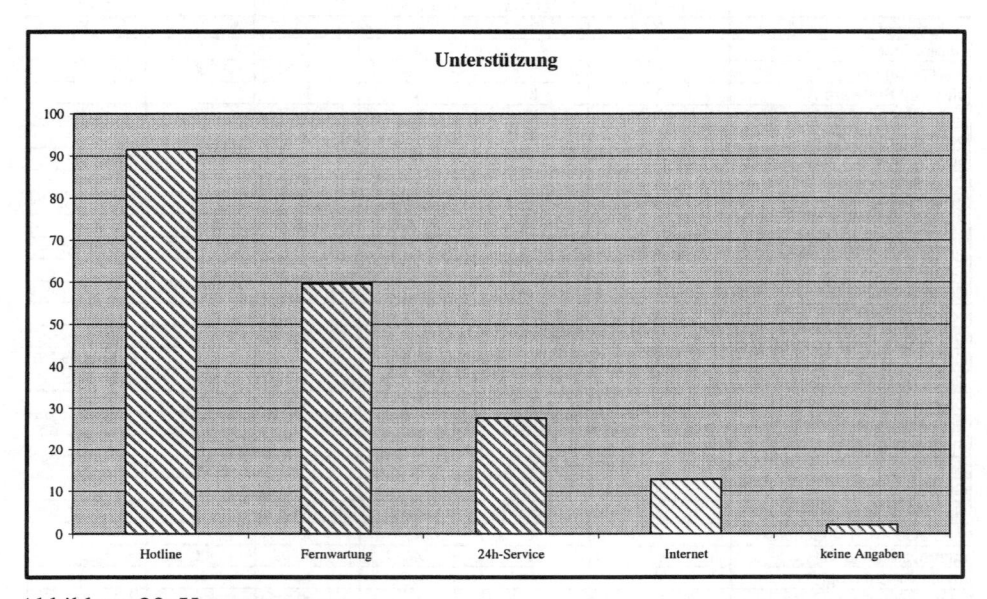

[Balkendiagramm mit folgenden Werten: Hotline ≈ 91, Fernwartung ≈ 60, 24h-Service ≈ 28, Internet ≈ 13, keine Angaben ≈ 2]

Abbildung 20: Unterstützung

Die Abbildung zeigt, wie die Anbieterdurchdringung hinsichtlich der eingesetzten Instrumente zur Unterstützung bei auftretenden Problemen ausfällt. Dominierend ist hierbei das Angebot einer Hotline. Wünschenswert wäre es, das Angebot eines 24-h-Services nach Möglichkeit in noch kürzeren Zeitintervallen ausgedehnt wird. Dies führt zu einer noch ausgeprägteren Kundenorientierung, die gerade die Software selbst auch im Unternehmenseinsatz unterstützen soll. Unternehmen, die vor der Auswahl eines CRM-Systems stehen, sollten diesen Punkt in ihrer Vorbewertung berücksichtigen. Wichtig ist es, mit dem ausgewählten Unternehmen die Serviceunterstützung in Service Level Agreements zu fixieren, damit unnötigen Ausfallzeiten vorgebeugt wird.

Service

	Support				
	Hotline	Fernwartung	24h-Service	Internet	Sonstige
Ackerschott	X	X	X		Kunden-Symposien, Statustreffen
Applix GmbH	X	X			
audius GmbH	X	X		X	Support-Web
bit by bit Software AG	X				Vor-Ort Betreuung durch Partner
bowi GmbH	X	X	X		Vor-Ort Service
brainware.crm AG	X	X		X	Internet Support
carnos GmbH	X				Vor-Ort Service
CAS Software AG	X				zertifizierte Partner
CCC GmbH	X	X			
CINCOM	k. A.	k. A.	k. A.		
Clarfiy GmbH	X	X	X		
Cobra GmbH	X				
Cognos GmbH	X		X		
combit GmbH	X				
CompAS GmbH	X	X			
CSB-SYSTEM AG	X	X	X		
Cursor Software AG	X		X		Projekteinführung, Workshops
Dolphin GmbH	X	X			
EHP Informatik GmbH	X	X			
FirePond GmbH	X		X		
FJA AG					im Kundenprojekt spezifisch vereinbar
GODEsys GmbH	X	X			
Grutzeck-Software GmbH	X				
mediaCo - A.R. Stachorski	X	X	X	X	Internet über eigene Domain
msp systems GmbH	X	X			
myview technologies	X				
NetConsult GmbH	X				
OfficeKomfort GmbH	X	X			
Onlinepartners.de GmbH					
oPen Software GmbH	X	X			
Orbis GmbH	X	X		X	Online / Remote Access
ORGAPLAN GmbH	X				
PAVONE AG	X	X			
PLANWARE	X	X			
POINT GmbH	X	X			
PTV GmbH	X	X			
Regware GmbH	X	X	X		
Saratoga Systems GmbH	X				onsite Wartung bei Bedarf
schmidt e-services GmbH	X	X	X		
Selligent SA	X			X	24h-Self-Service via Extranet-Zugang
Siebel Systems GmbH	X		X		
SMF KG		X			
SuperOffice GmbH	X	X			
TDV GmbH	X	X			Vorort - Unterstützung / Coaching
Team4 GmbH	X	X	X		Hosting
Teamware GmbH	X			X	eMail, FTP
UNiQUARE GmbH	X	X	X		

Tabelle 31: Unterstützung

5.5 Unternehmen

Die CRM-Softwareanbieter sind hinsichtlich verschiedener Kriterien befragt worden. Die Auswertungen beantworten die folgenden Fragestellungen:

- Werden vor der Einführung der CRM-Software Potentialanalysen durchgeführt (Kapitel 5.5.1)?
- Inwieweit werden Lösungen customized (Kapitel 5.5.1)?
- Auf welche Zielgruppen ist die Software hinsichtlich der Mitarbeiteranzahl im unternehmen ausgelegt (Kapitel 5.5.2)?
- In welchen Branchen verfügen die Anbieter über Referenzen (Kapitel 5.5.2)?
- Welche Preispolitik verfolgen die Unternehmen (Kapitel 5.5.3)?
- Wie sieht die Umsatzverteilung im Gesamtmarkt aus (Kapitel 5.5.4)?
- Welche Bedeutung hat die CRM-Software für das Anbieterunternehmen selbst (Kapitel 5.5.5)?

5.5.1 Potentialanalysen

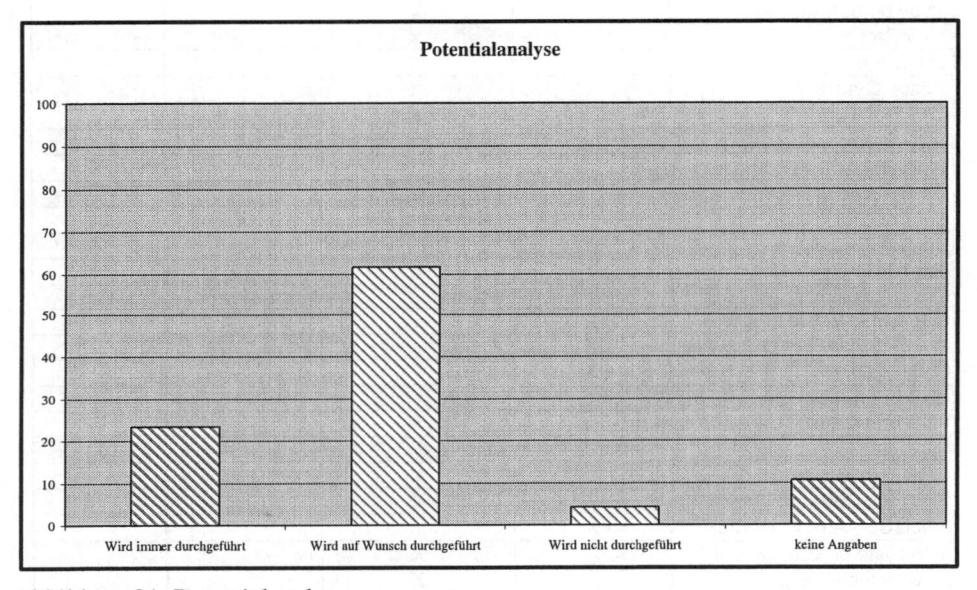

Abbildung 21: Potentialanalyse

In Potentialanalysen wird erhoben, welche Verbesserungsmöglichkeiten aus dem Einsatz des CRM-Systems sich für das Unternehmen ergeben. Der Großteil der untersuchten CRM-Anbieter bieten derartige Analysen an. Nichtsdestoweniger ist es für Unternehmen häufig hilfreich, herstellerneutrale Unternehmensberater mit konzeptionellen Einführungsfragen zu beauftragen.

Die folgende Tabelle stellt die Befragungsergebnisse im einzelnen dar.

	Potentialanalyse			
	Wird immer durchgeführt	Wird auf Wunsch durchgeführt	Wird nicht durchgeführt	keine Angaben
Ackerschott	X			
Applix GmbH	X			
audius GmbH		X		
bit by bit Software AG		X		
bowi GmbH		X		
brainware.crm AG		X		
camos GmbH		X		
CAS Software AG		X		
CCC GmbH			X	
CINCOM				X
Clarfiy GmbH		X		
Cobra GmbH			X	
Cognos GmbH				X
combit GmbH		X		
CompAS GmbH	X			
CSB-SYSTEM AG	X			
Cursor Software AG	X			
Dolphin GmbH	X			
EHP Informatik GmbH				X
FirePond GmbH		X		
FJA AG				X
GODEsys GmbH		X		
Grutzeck-Software GmbH		X		
mediaCo - A.R. Stachorski	X			
msp systems GmbH		X		
myview technologies		X		
NetConsult GmbH	X			
OfficeKomfort GmbH		X		
Onlinepartners.de GmbH		X		
oPen Software GmbH		X		
Orbis GmbH		X		
ORGAPLAN GmbH		X		
PAVONE AG		X		
PLANWARE	X			
POINT GmbH		X		
PTV GmbH		X		
Regware GmbH		X		
Saratoga Systems GmbH		X		
schmidt e-services GmbH		X		
Selligent SA		X		
Siebel Systems GmbH				X
SMF KG		X		
SuperOffice GmbH		X		
TDV GmbH	X			
Team4 GmbH	X			
Teamware GmbH		X		
UNiQUARE GmbH		X		

Tabelle 32: Potentialanalyse

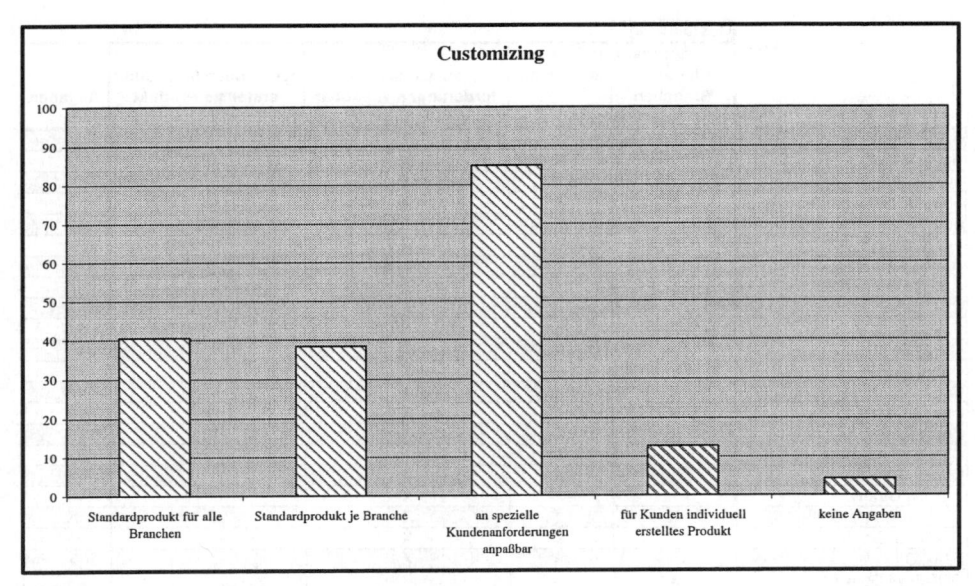

Abbildung 22: Customizing

Die Abbildung zeigt, inwieweit die Anbieter ihre Produkte auf die Kundenbedürfnisse anpassen können. Die Summe der Prozentwerte ergibt nicht 100%, da auch Mehrfachnennungen möglich waren. Dieser scheinbare Widerspruch liegt darin begründet, daß einige Unternehmen sowohl eine branchenübergreifende Lösung als auch bereits für bestimmte Branchen Customize-Lösungen bieten.

Die folgende Tabelle stellt die Befragungsergebnisse im einzelnen dar.

	Customizing				
	Standardprodukt für alle Branchen	je Branche	an Kundenan-forderungen anpaßbar	für Kunden individuell erstelltes Produkt	keine Angaben
Ackerschott			X		
Applix GmbH		X	X		
audius GmbH			X		
bit by bit Software AG	X	X	X	X	
bowi GmbH		X	X		
brainware.crm AG	X		X		
camos GmbH			X		
CAS Software AG	X		X		
CCC GmbH			X		
CINCOM					X
Clarfiy GmbH		X	X		
Cobra GmbH			X		
Cognos GmbH	X		X		
combit GmbH	X		X	X	
CompAS GmbH		X	X		
CSB-SYSTEM AG		X			
Cursor Software AG		X	X		
Dolphin GmbH			X		
EHP Informatik GmbH	X		X		
FirePond GmbH		X	X		
FJA AG		X	X		
GODEsys GmbH	X				
Grutzeck-Software GmbH	X		X	X	
mediaCo - A.R. Stachorski	X	X	X	X	
msp systems GmbH	X	X	X		
myview technologies		X	X		
NetConsult GmbH	X		X		
OfficeKomfort GmbH	X		X		
Onlinepartners.de GmbH		X			
oPen Software GmbH			X		
Orbis GmbH		X	X		
ORGAPLAN GmbH		X			
PAVONE AG	X		X		
PLANWARE	X		X		
POINT GmbH			X		
PTV GmbH			X		
Regware GmbH			X		
Saratoga Systems GmbH	X	X	X	X	
schmidt e-services GmbH	X		X		
Selligent SA			X		
Siebel Systems GmbH					X
SMF KG	X				
SuperOffice GmbH	X		X		
TDV GmbH		X	X		
Team4 GmbH	X		X		
Teamware GmbH			X		
UNiQUARE GmbH		X	X	X	

Tabelle 33: Customizing

5.5.2 Zielgruppe und Referenzen

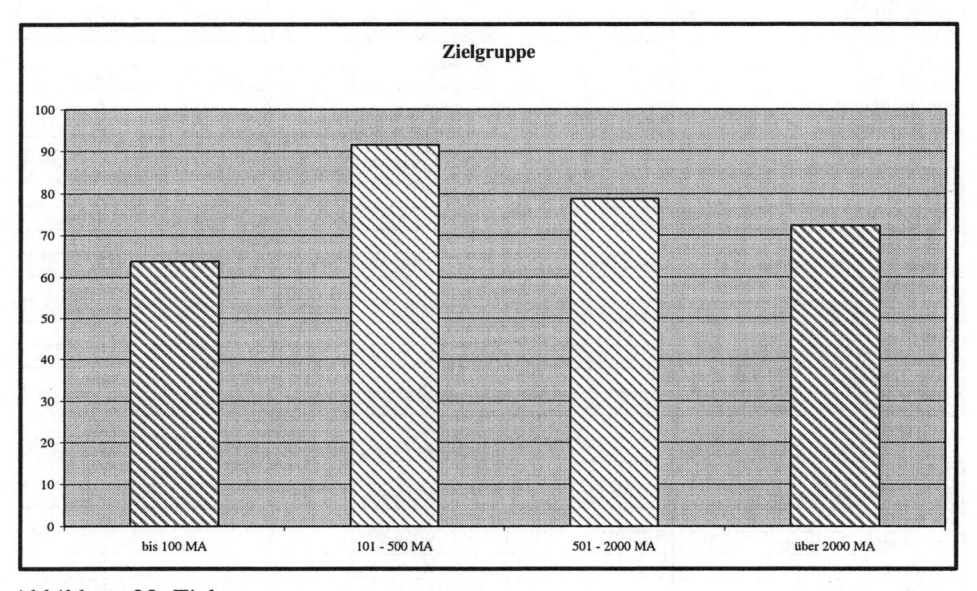

Abbildung 23: Zielgruppe

Auch bei dieser Auswertung waren Mehrfachnennungen möglich. Betrachtet man zusätzlich die folgende Tabelle, zeigt sich, daß sich nur wenige Unternehmen auf bestimmte Unternehmensgrößen in Abhängigkeit der Mitarbeiteranzahl als Gradmesser konzentrieren.

	Zielgruppe			
	bis 100 MA	101 - 500 MA	501 - 2000 MA	über 2000 MA
Ackerschott	X	X	X	X
Applix GmbH		X	X	X
audius GmbH		X	X	X
bit by bit Software AG	X			
bowi GmbH	X	X	X	X
brainware.crm AG	X	X	X	X
camos GmbH		X	X	X
CAS Software AG	X	X	X	
CCC GmbH	X	X		
CINCOM		X	X	X
Clarfiy GmbH			X	X
Cobra GmbH	X	X	X	X
Cognos GmbH	X	X	X	X
combit GmbH	X	X		
CompAS GmbH	X	X	X	X
CSB-SYSTEM AG		X	X	
Cursor Software AG		X	X	X
Dolphin GmbH		X	X	X
EHP Informatik GmbH	X	X	X	X
FirePond GmbH		X	X	X
FJA AG	X	X	X	X
GODEsys GmbH	X	X		
Grutzeck-Software GmbH	X	X		
mediaCo - A.R. Stachorski	X	X	X	X
msp systems GmbH	X	X	X	X
myview technologies		X	X	X
NetConsult GmbH		X	X	X
OfficeKomfort GmbH	X			
Onlinepartners.de GmbH		X		
oPen Software GmbH	X	X	X	
Orbis GmbH	X	X	X	X
ORGAPLAN GmbH	X	X	X	X
PAVONE AG	X	X	X	X
PLANWARE		X	X	X
POINT GmbH		X	X	X
PTV GmbH	X	X	X	X
Regware GmbH		X	X	X
Saratoga Systems GmbH	X	X	X	X
schmidt e-services GmbH	X			
Selligent SA	X	X	X	X
Siebel Systems GmbH	X	X	X	X
SMF KG	X	X		
SuperOffice GmbH	X	X		
TDV GmbH		X	X	X
Team4 GmbH			X	X
Teamware GmbH	X	X	X	X
UNiQUARE GmbH		X	X	X

Tabelle 34: Zielgruppe

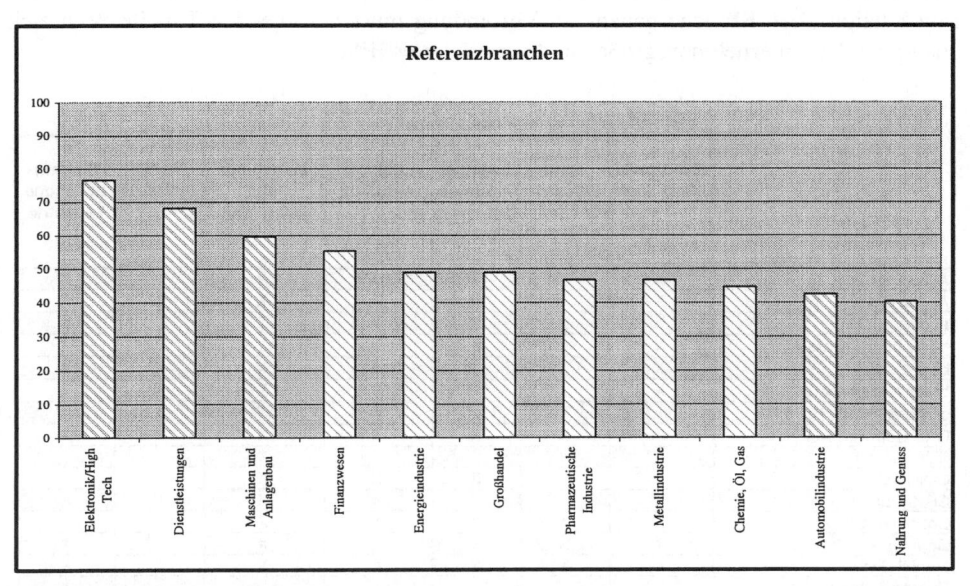

Abbildung 24: Referenzbranchen (I)

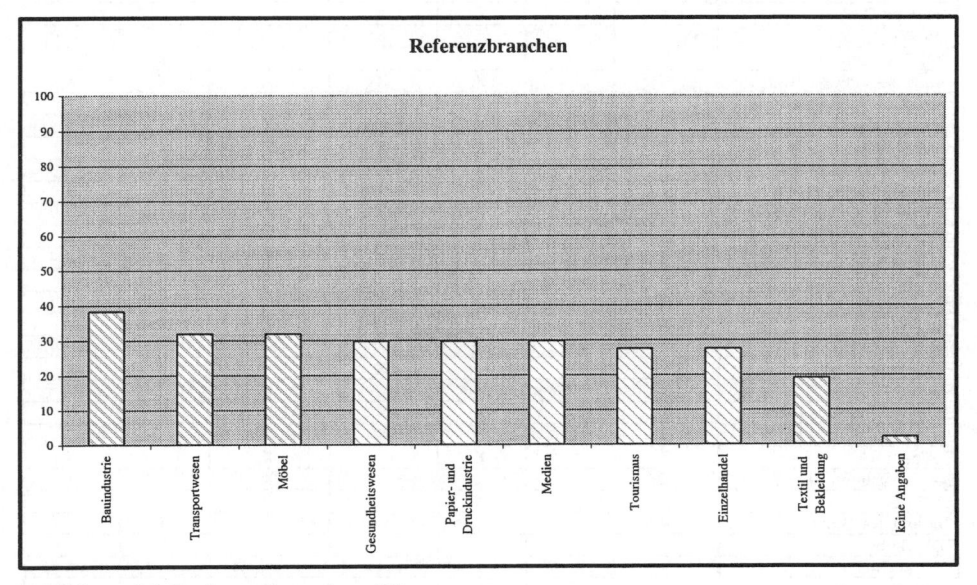

Abbildung 25: Referenzbranchen (II)

Als Referenzbranche für bereits eingeführte CRM-Software wird hauptsächlich die Elektronik-/High Tech-Branche genant. In Verbindung mit der folgenden Tabelle zeigt sich analog zu der Unternehmensgröße ein diversifiziertes Bild.

	Referenzkunden in folgenden Branchen						
	Elektronik/ High Tech	Bau-industrie	Energie-industrie	Automobil-industrie	Maschinen und Anlagenbau	Metall-industrie	Pharma-zeutische Industrie
Ackerschott	X				X	X	X
Applix GmbH	X		X	X	X	X	
audius GmbH	X	X	X	X	X	X	X
bit by bit Software AG	X						
bowi GmbH	X	X			X	X	X
brainware.crm AG	X				X	X	
camos GmbH		X		X	X	X	
CAS Software AG	X	X	X	X	X	X	X
CCC GmbH	X				X		
CINCOM	X		X	X			
Clarfiy GmbH	X		X	X	X	X	X
Cobra GmbH	X	X	X	X	X	X	X
Cognos GmbH	X	X	X	X	X	X	X
combit GmbH	X	X	X	X	X	X	X
CompAS GmbH	X						X
CSB-SYSTEM AG							X
Cursor Software AG		X	X				
Dolphin GmbH	X			X			
EHP Informatik GmbH			X				
FirePond GmbH	X			X			
FJA AG							
GODEsys GmbH	X				X	X	X
Grutzeck-Software GmbH	X	X	X	X	X	X	X
mediaCo - A.R. Stachorski							
msp systems GmbH	X	X	X	X	X	X	X
myview technologies	X		X	X	X	X	
NetConsult GmbH	X		X				
OfficeKomfort GmbH	X	X			X	X	X
Onlinepartners.de GmbH							
oPen Software GmbH	X						X
Orbis GmbH	X	X		X	X	X	X
ORGAPLAN GmbH							
PAVONE AG	X			X			
PLANWARE	X		X		X	X	
POINT GmbH	X		X				
PTV GmbH				X			X
Regware GmbH	X	X	X				X
Saratoga Systems GmbH	X	X	X	X	X	X	X
schmidt e-services GmbH	X	X	X	X	X		
Selligent SA	X	X	X		X		X
Siebel Systems GmbH	X		X	X	X		X
SMF KG	X	X					
SuperOffice GmbH	X				X	X	
TDV GmbH		X			X	X	
Team4 GmbH	X						X
Teamware GmbH	X	X	X		X	X	
UNiQUARE GmbH							

Tabelle 35: Referenzbranchen (I)

	Referenzkunden in folgenden Branchen						
	Chemie, Öl, Gas	Papier- und Druckindustrie	Tourismus	Textil und Bekleidung	Nahrung und Genuss	Möbel	Großhandel
Ackerschott	X	X					X
Applix GmbH							
audius GmbH						X	X
bit by bit Software AG							
bowi GmbH	X						
brainware.crm AG						X	X
camos GmbH						X	
CAS Software AG	X	X	X	X	X	X	X
CCC GmbH							
CINCOM		X					
Clarfiy GmbH	X	X	X				X
Cobra GmbH	X	X	X	X	X	X	X
Cognos GmbH	X	X	X	X	X	X	X
combit GmbH	X	X	X	X	X	X	X
CompAS GmbH					X		X
CSB-SYSTEM AG	X				X		X
Cursor Software AG						X	
Dolphin GmbH	X	X	X				X
EHP Informatik GmbH							X
FirePond GmbH							
FJA AG							
GODEsys GmbH				X	X	X	X
Grutzeck-Software GmbH	X	X	X		X	X	
mediaCo - A.R. Stachorski							
msp systems GmbH	X	X	X	X	X	X	X
myview technologies	X					X	
NetConsult GmbH							
OfficeKomfort GmbH	X		X				
Onlinepartners.de GmbH					X		X
oPen Software GmbH				X	X		
Orbis GmbH	X	X			X		X
ORGAPLAN GmbH							
PAVONE AG							
PLANWARE							
POINT GmbH	X		X		X		X
PTV GmbH	X	X					X
Regware GmbH	X				X	X	
Saratoga Systems GmbH	X	X	X	X	X	X	X
schmidt e-services GmbH			X				X
Selligent SA	X				X	X	X
Siebel Systems GmbH	X		X	X	X		X
SMF KG					X		
SuperOffice GmbH		X					X
TDV GmbH							
Team4 GmbH	X				X		
Teamware GmbH							
UNiQUARE GmbH							

Tabelle 36: Referenzbranchen (II)

	Referenzkunden in folgenden Branchen						
	Einzel-handel	Gesundheits-wesen	Transport-wesen	Medien	Finanz-wesen	Dienst-leistungen	keine Angaben
Ackerschott		X				X	
Applix GmbH		X		X	X	X	
audius GmbH						X	
bit by bit Software AG						X	
bowi GmbH							
brainware.crm AG	X					X	
camos GmbH					X		
CAS Software AG	X	X	X	X	X	X	
CCC GmbH						X	
CINCOM					X		
Clarfiy GmbH		X	X	X	X	X	
Cobra GmbH	X	X	X	X	X	X	
Cognos GmbH	X	X	X	X	X	X	
combit GmbH	X	X	X	X	X	X	
CompAS GmbH	X					X	
CSB-SYSTEM AG	X						
Cursor Software AG			X		X	X	
Dolphin GmbH						X	
EHP Informatik GmbH	X				X	X	
FirePond GmbH		X				X	
FJA AG		X			X	X	
GODEsys GmbH	X					X	
Grutzeck-Software GmbH	X		X	X	X	X	
mediaCo - A.R. Stachorski							X
msp systems GmbH		X		X	X	X	
myview technologies							
NetConsult GmbH		X			X	X	
OfficeKomfort GmbH						X	
Onlinepartners.de GmbH							
oPen Software GmbH	X			X			
Orbis GmbH			X		X	X	
ORGAPLAN GmbH					X		
PAVONE AG					X	X	
PLANWARE							
POINT GmbH		X	X	X	X		
PTV GmbH	X					X	
Regware GmbH			X			X	
Saratoga Systems GmbH	X	X	X	X	X	X	
schmidt e-services GmbH			X	X	X	X	
Selligent SA			X		X	X	
Siebel Systems GmbH		X	X	X	X	X	
SMF KG						X	
SuperOffice GmbH				X	X	X	
TDV GmbH							
Team4 GmbH					X	X	
Teamware GmbH							
UNiQUARE GmbH					X		

Tabelle 37: Referenzbranchen (III)

5.5.3 Preispolitik

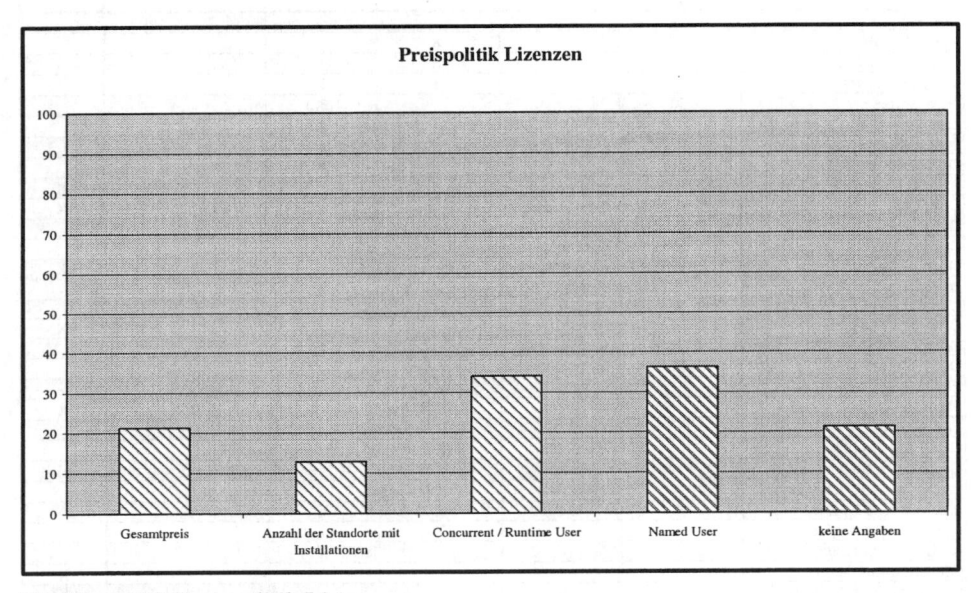

Abbildung 26: Preispolitik Lizenzen

Die CRM-Anbieter bieten ihren Kunden vielfach alternative Preismodelle. Keines der Modelle dominiert, am häufigsten besteht jedoch die Möglichkeit, den Preis in Abhängigkeit der Anzahl der Named User bestimmen zu lassen.

Die beiden folgenden Tabellen verdeutlichen die Ergebnisse im einzelnen. Die erste zeigt die unterschiedlichen Preismodelle der Unternehmen, die zweite gibt eine Einblick in die konkreten Preise.

	Preispolitik Lizenzen					
	Gesamtpreis	Anzahl der Standorte mit Installationen	Concurrent / Runtime User	Named User	Sonstige	keine Angaben
Ackerschott	x					
Applix GmbH		x	x			
audius GmbH			x			
bit by bit Software AG			x	x		
bowi GmbH	x		x			
brainware.crm AG				x		
camos GmbH	x		x			
CAS Software AG				x		
CCC GmbH						x
CINCOM						x
Clarfiy GmbH			x			
Cobra GmbH			x			
Cognos GmbH						x
combit GmbH			x	x		
CompAS GmbH	x					
CSB-SYSTEM AG						x
Cursor Software AG				x		
Dolphin GmbH	x					
EHP Informatik GmbH			x			
FirePond GmbH					Server	
FJA AG						x
GODEsys GmbH			x			
Grutzeck-Software GmbH			x			
mediaCo - A.R. Stachorski						
msp systems GmbH	x	x	x	x		
myview technologies			x			
NetConsult GmbH				x		
OfficeKomfort GmbH						x
Onlinepartners.de GmbH						x
oPen Software GmbH	x	x				
Orbis GmbH				x		
ORGAPLAN GmbH	x	x				
PAVONE AG			x	x		
PLANWARE						x
POINT GmbH				x		
PTV GmbH			x			
Regware GmbH		x				
Saratoga Systems GmbH			x	x		
schmidt e-services GmbH				x		
Selligent SA				x	min. 10 Anwender	
Siebel Systems GmbH						x
SMF KG						x
SuperOffice GmbH				x		
TDV GmbH		x	x	x		
Team4 GmbH				x		
Teamware GmbH	x				incl. Anpassung	
UNiQUARE GmbH	x					

Tabelle 38: Preispolitik Lizenzen

Unternehmen 135

	Kosten			
	1 Administrator-Lizenz [DM]	2 Administrator-Lizenzen [DM]	5 Administrator-Lizenzen [DM]	5 Anwender-Lizenzen [DM]
Ackerschott	abhängig vom gewünschten Funktionsaufwand			
Applix GmbH	auf Anfrage			
audius GmbH	25.000	35.000	50.000	7.500
bit by bit Software AG	k. A.	k. A.	k. A.	k. A.
bowi GmbH	6.500	7.000		7.500
brainware.crm AG	k. A.	k. A.	k. A.	k. A.
camos GmbH	auf Anfrage			
CAS Software AG	k. A.	k. A.	k. A.	k. A.
CCC GmbH	enthalten			4.150
CINCOM	k. A.	k. A.	k. A.	k. A.
Clarfiy GmbH				8.000
Cobra GmbH	650			1.950
Cognos GmbH	auf Anfrage			
combit GmbH				1.090
CompAS GmbH	4.990	9.481	21.831	21.831
CSB-SYSTEM AG	auf Anfrage			
Cursor Software AG	14.800			19.500
Dolphin GmbH	k. A.	k. A.	k. A.	k. A.
EHP Informatik GmbH	k. A.	k. A.	k. A.	k. A.
FirePond GmbH	k. A.	k. A.	k. A.	k. A.
FJA AG	k. A.	k. A.	k. A.	k. A.
GODEsys GmbH				6.000
Grutzeck-Software GmbH	ab 500			ab 1.732,5
mediaCo - A.R. Stachorski				
msp systems GmbH	6.000	auf Anfrage		0
myview technologies				
NetConsult GmbH	k. A.	k. A.	k. A.	k. A.
OfficeKomfort GmbH	840	840	11.215	11.215
Onlinepartners.de GmbH	auf Anfrage			
oPen Software GmbH	auf Anfrage			
Orbis GmbH	auf Anfrage			
ORGAPLAN GmbH	auf Anfrage			
PAVONE AG	k. A.	k. A.	k. A.	k. A.
PLANWARE	auf Anfrage			
POINT GmbH	k. A.	k. A.	k. A.	k. A.
PTV GmbH	70.000			200.000
Regware GmbH	userunabhängig DM 60.000			
Saratoga Systems GmbH	0	0	0	16.750
schmidt e-services GmbH				5.400
Selligent SA	0	0	0	0
Siebel Systems GmbH	auf Anfrage			
SMF KG	k. A.	k. A.	k. A.	k. A.
SuperOffice GmbH	k. A.	k. A.	k. A.	k. A.
TDV GmbH				30.000
Team4 GmbH	auf Anfrage			
Teamware GmbH	k. A.	k. A.	k. A.	k. A.
UNiQUARE GmbH	auf Anfrage			

Tabelle 39: Kosten (I)

	Kosten			
	10 Anwender-Lizenzen [DM]	20 Anwender-Lizenzen [DM]	50 Anwender-Lizenzen [DM]	100 Anwender-Lizenzen [DM]
Ackerschott	abhängig vom gewünschten Funktionsaufwand			
Applix GmbH	auf Anfrage			
audius GmbH	13.300	25.000	60.000	100.000
bit by bit Software AG	k. A.	k. A.	k. A.	k. A.
bowi GmbH	15.000	auf Anfrage		
brainware.crm AG	k. A.	k. A.	k. A.	k. A.
camos GmbH	auf Anfrage			
CAS Software AG	k. A.	k. A.	k. A.	k. A.
CCC GmbH	6.850	11.490	23.000	38.000
CINCOM	k. A.	k. A.	k. A.	k. A.
Clarfiy GmbH				
Cobra GmbH	3.580	6.500	14.650	
Cognos GmbH	auf Anfrage			
combit GmbH	2.130	4.060	8.650	12.300
CompAS GmbH	37.425	64.870	117.889	181.237
CSB-SYSTEM AG	auf Anfrage			
Cursor Software AG	47.900	78.000	195.000	390.000
Dolphin GmbH	k. A.	k. A.	k. A.	k. A.
EHP Informatik GmbH	k. A.	k. A.	k. A.	k. A.
FirePond GmbH	k. A.	k. A.	k. A.	k. A.
FJA AG	k. A.	k. A.	k. A.	k. A.
GODEsys GmbH				
Grutzeck-Software GmbH	ab 2.700	ab 3.700	ab 10.500	ab 20.000
mediaCo - A.R. Stachorski				
msp systems GmbH	15.000	30.000	auf Anfrage	
myview technologies				
NetConsult GmbH	k. A.	k. A.	k. A.	k. A.
OfficeKomfort GmbH	20.010	20.010	k. A.	k. A.
Onlinepartners.de GmbH	auf Anfrage			
oPen Software GmbH	auf Anfrage			
Orbis GmbH	auf Anfrage			
ORGAPLAN GmbH	auf Anfrage			
PAVONE AG	k. A.	k. A.	k. A.	k. A.
PLANWARE	auf Anfrage			
POINT GmbH	k. A.	k. A.	k. A.	k. A.
PTV GmbH				
Regware GmbH	userunabhängig DM 60.000			
Saratoga Systems GmbH	33.500	67.000	167.500	335.000
schmidt e-services GmbH	8.850	15.550	auf Anfrage	
Selligent SA	16.000 - 47.000	32.000 - 94.000	80.000 - 23.5000	160.000 - 470.000
Siebel Systems GmbH	auf Anfrage			
SMF KG	k. A.	k. A.	k. A.	k. A.
SuperOffice GmbH	k. A.	k. A.	k. A.	k. A.
TDV GmbH	50.000	80.000	150.000	250.000
Team4 GmbH	auf Anfrage			
Teamware GmbH	k. A.	k. A.	k. A.	k. A.
UNiQUARE GmbH	auf Anfrage			

Tabelle 40: Kosten (II)

Unternehmen

	Kosten						
	Workshop		Schulung		Projektdefinitionsphase		Wartungskosten / Jahr in % der Lizenzkosten
	[DM / Tag]	Tage	[DM / Tag]	Tage	[DM / Tag]	Tage	
Ackerschott	3000	indiv.	inkl.	indiv.	inkl.	indiv.	10
Applix GmbH	auf Anfrage						12
audius GmbH	1850		1650		1550		18
bit by bit Software AG							
bowi GmbH	2000	5	ab 1800	ab 1	2000	indiv.	20
brainware.crm AG	1600		1600		1800		1,5
camos GmbH	auf Anfrage						
CAS Software AG	1950	1	1950	1			25
CCC GmbH	k. A.	k. A.	k. A.	k. A.	k. A.	k. A.	k. A.
CINCOM	k. A.	k. A.	k. A.	k. A.	k. A.	k. A.	k. A.
Clarfiy GmbH			k. A.	k. A.	k. A.	k. A.	k. A.
Cobra GmbH	1856		1856				0
Cognos GmbH	auf Anfrage						
combit GmbH	1390		1390		k. A.	k. A.	k. A.
CompAS GmbH	2600		2600		325		14,4
CSB-SYSTEM AG	auf Anfrage						
Cursor Software AG			2160	2	2500		12
Dolphin GmbH	k. A.	k. A.	k. A.	k. A.	k. A.	k. A.	k. A.
EHP Informatik GmbH	k. A.	k. A.	k. A.	k. A.	k. A.	k. A.	k. A.
FirePond GmbH	k. A.	k. A.	k. A.	k. A.	k. A.	k. A.	k. A.
FJA AG	k. A.	k. A.	k. A.	k. A.	k. A.	k. A.	k. A.
GODEsys GmbH	2400		2000		2000		1,5
Grutzeck-Software GmbH	1500		1500		1500		2
mediaCo - A.R. Stachorski	k. A.	k. A.	k. A.	k. A.	k. A.	k. A.	k. A.
msp systems GmbH	2200		2400		2000		12
myview technologies	k. A.	k. A.	k. A.	k. A.	k. A.	k. A.	k. A.
NetConsult GmbH	k. A.	k. A.	k. A.	k. A.	k. A.	k. A.	k. A.
OfficeKomfort GmbH	1600 / 2400	1	1600	1	1600	1	k. A.
Onlinepartners.de GmbH	auf Anfrage						
oPen Software GmbH	2000	2	1440	2	2000	abhängig	12
Orbis GmbH	auf Anfrage						
ORGAPLAN GmbH	1800		1800		2100		15
PAVONE AG	2500	k. A.	2500	k. A.	2500	k. A.	15
PLANWARE	auf Anfrage						12
POINT GmbH	k. A.	k. A.	k. A.	k. A.	k. A.	k. A.	k. A.
PTV GmbH	1800		1800		1800		12
Regware GmbH	2000	2 bis 3	2000	abhängig	2000	5 bis 15	10
Saratoga Systems GmbH	2400	1	2400 / 4200	1 / 4	2400	3	15
schmidt e-services GmbH	1500		1500		1500		
Selligent SA	k. A.		800 - 1750	k. A.	1750 - 2450	k. A.	15
Siebel Systems GmbH	auf Anfrage						
SMF KG	k. A.	k. A.	k. A.	k. A.	k. A.	k. A.	18
SuperOffice GmbH	k. A.	k. A.	k. A.	k. A.	k. A.	k. A.	15
TDV GmbH	2160		2160		2160		12
Team4 GmbH	auf Anfrage						
Teamware GmbH	1100		1300		1300		variabel
UNiQUARE GmbH	auf Anfrage						15

Tabelle 41: Kosten (III)

5.5.4 Umsatzverteilung

Umsatzverteilung

- grösser 100 Mio. DM: 19%
- kleiner oder gleich 5 Mio. DM: 23%
- zwischen 50 und 100 Mio. DM: 8%
- zwischen 10 und 50 Mio. DM: 23%
- zwischen 5 und 10 Mio. DM: 27%

Basis: 26 Unternehmen

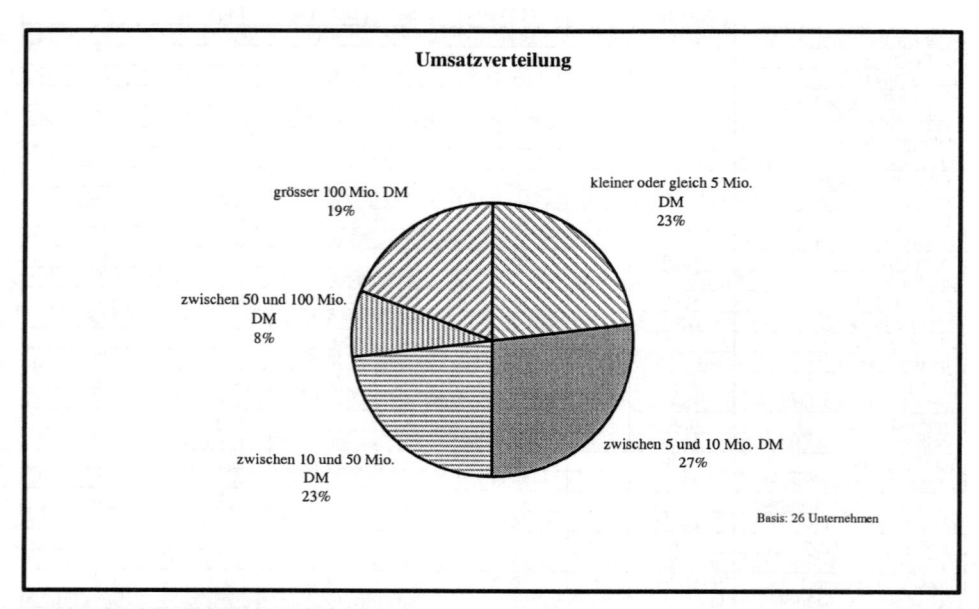

Abbildung 27: Umsatzverteilung

Die CRM-Branche verhält sich nicht wie viele andere Branchen, in der 80 % der Umsätze von 20 % der Unternehmen gemacht werden. Dies deutet daraufhin, daß der Markt noch relativ jung ist und noch von keinem umfassenden Konzentrationsprozeß heimgesucht wurde. Allerdings sind erste Anzeichen für eine zunehmende Konzentration aus der jüngsten Vergangen ableitbar.

5.5.5 Bedeutung CRM-Systeme

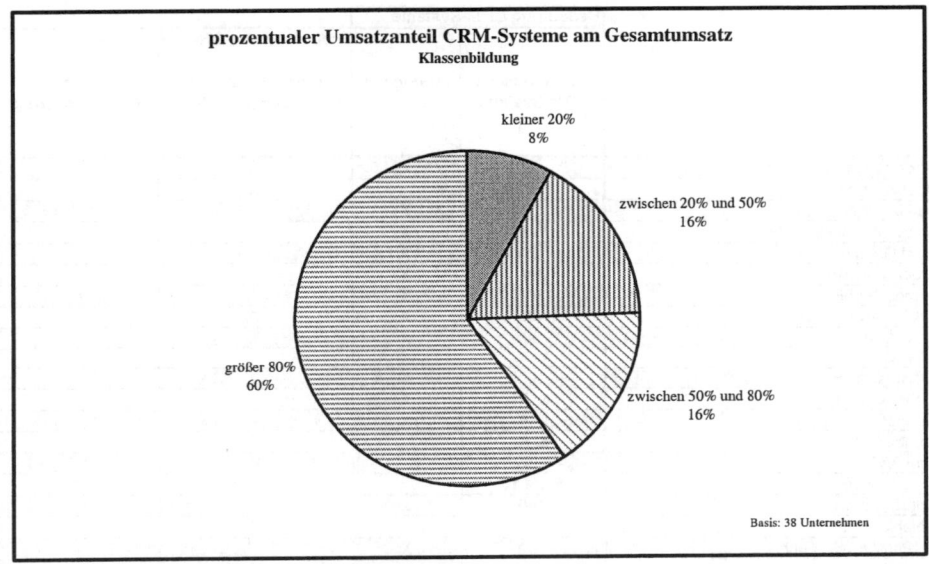

Abbildung 28: Umsatzanteil CRM-Systeme

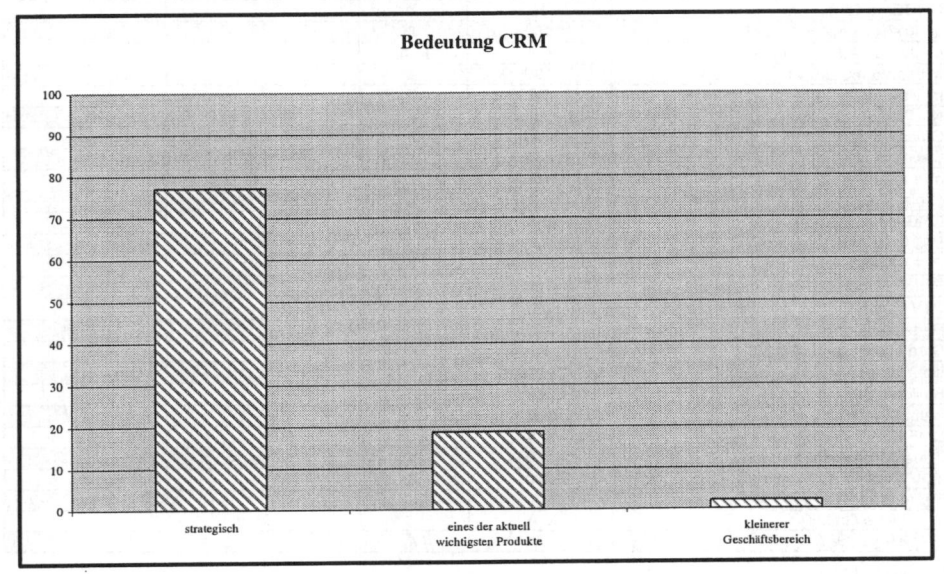

Abbildung 29: Bedeutung CRM

Die Abbildungen verdeutlichen, daß die meisten Anbieter auf CRM spezialisiert sind. Bei diesen Unternehmen macht CRM-Software einen relativ hohen Umsatzanteil aus und zählt zu den strategischen Produktfeldern.

	Bedeutung CRM-Systeme			
		Bedeutung des CRM - Systems		
	Anteil Umsatz CRM-Systeme [%]	strategisch	eines der aktuell wichtigsten Produkte	kleinerer Geschäftsbereich
Ackerschott Unternehmensberatung	80	X		
Applix GmbH	80		X	
audius GmbH	75	X		
bit by bit Software AG	100	X		
bowi GmbH	100	X		
brainware.crm AG	80	X		
camos GmbH	80	X		
CAS Software AG	30	X	0	
CCC GmbH	30	X		
CINCOM	k. A.	X		
Clarfiy GmbH	100	X		
Cobra GmbH	k. A.	X		
Cognos GmbH	k. A.	X		
combit GmbH	k. A.		X	
CompAS GmbH	80		X	
CSB-SYSTEM AG	5 bis 10			X
Cursor Software AG	100	X		
Dolphin GmbH	k. A.		X	
EHP Informatik GmbH	100	X		
FirePond GmbH	30		X	
FJA AG	20 - 30	X	0	
GODEsys GmbH	40	X		
Grutzeck-Software GmbH	100	X		
mediaCo - A.R. Stachorski	k. A.	k. A.		
msp systems GmbH	100	X		
myview technologies	70	X		
NetConsult GmbH	70	X	0	
OfficeKomfort GmbH	100	X		
Onlinepartners.de GmbH	100	X		
oPen Software GmbH	95	X		
Orbis GmbH	60	X		
ORGAPLAN GmbH	k. A.	X	0	
PAVONE AG	3		X	
PLANWARE	55	X		
POINT GmbH	100	X		
PTV GmbH	4	X		0
Regware GmbH	100	X		
Saratoga Systems GmbH	80	X	0	
schmidt e-services GmbH	60		X	
Selligent SA	100	X		
Siebel Systems GmbH	k. A.	X		
SMF KG	k. A.		X	
SuperOffice GmbH	100	X		
TDV GmbH	100	X		
Team4 GmbH	100	X		
Teamware GmbH	k. A.		X	
UNiQUARE GmbH	30	X		

Tabelle 42: Bedeutung CRM

Anhang A: Competence Center des Fraunhofer ALB

Das Fraunhofer-Anwendungszentrum für Logistikorientierte Betriebswirtschaft verfügt über langjährige Erfahrungen im Bereich der unabhängigen Customer Relationship Management Beratung, die sie Ihnen gern zur Verfügung stellen. Die Autoren beantworten auch gern Detailfragen zu dieser Marktstudie:

Dazu steht Ihnen zur Verfügung:

Stefan Helmke

Friedrichstraße 91

40217 Düsseldorf

Telefon: 0177/5721994

email: helmke@hni.uni-paderborn.de

http://www.crm-systeme.de

Anhang B: Anbieterübersicht

Ackerschott Unternehmensberatung

Kamperbach 35

D-58566 Kierspe

Tel. 02359/290840

Fax. 02359/290186

http://www.ackerschott.com

Standorte:

Deutschland: Kierspe, Berlin, München

Europa: Kroatien

Partner/Kooperationen:

Dr. Warth&Partner Unternehmensberatung GmbH

FH Bielefeld

FH Landshut

Applix GmbH

Boschetsrieder Str. 67

D-81379 München

Tel. 089/748589-0

Fax. 089/748589-20

http://www.applix.de

Standorte:

Weltweit: USA

Europa: Großbritannien, Niederlande, Frankreich

Deutschland: Frankfurt, Hannover, München

audius Informationssysteme GmbH

Max-Eyth-Str. 7

71364 Winnenden

Tel. 07195/9120-350

Fax. 07195/9120-10

http://www.audius.de

Standorte:

Deutschland: Winnenden

Partner/Kooperationen:

Microsoft Certified Solution Provider Partner

IBM Solution Developer Program

ORACLE

SIEMENS

CISCO

Deutsche Telekom

Referenzen:

Andreas Stihl AG & Co.
DaimlerChysler AG
Degussa-Hüls AG
Siemens
Leicht Küchen AG
Fleuresse GmbH
DLW AG
Hella Jalousien
Richard Hirschmann GmbH
Plansee AG
Schwing GmbH
Alexander Wiegand GmbH & Co.
WMF AG
WNT NC-Technik GmbH & Co
Putzmeister AG
Ducera Dental GmbH & Co.

bit by bit

Wittenbergplatz 3

10789 Berlin

Tel. 030/235049-0

Fax. 030/2139773

http://www.organice.de

Standorte:

Deutschland: Berlin

Partner/Kooperationen:

Siemens (Vertrieb)

Microsoft (VBA-Lizenz)

Megasoft (CTI-Entw.)

Referenzen:

Daimler Chrysler AG
Deutsche Lufthansa AG
Minolta GmbH

Bowi GmbH

Im Husarenlager 1

D – 76187 Karlsruhe

Tel. 0721/56908–23

Fax. 0721/56908–11

www.bowi.de

Standorte:

Deutschland: Karlsruhe

Partner/Kooperationen:

Centura

Oracle

SAP

---

brainware.crm AG

Auf der Steige 46

D 88326 Aulendorf

Tel. 07525/9215-0

Fax. 07525/9215-70

www.brainwareAG.com

www.vbm2000.de

www.pam-phone.de

Standorte:

Deutschland: Aulendorf

Partner/Kooperationen:

Microsoft Lösungspartner mit Royalty Vertrag

sage KHK

Apiras

Mesonic

Internolix

Easy AG

camos GmbH

Hasenbergstraße 31

70178 Stuttgart

Tel. 0711/78066-0

Fax. 0711/78066–60

http://www.camos.de

Standorte:

Deutschland: Stuttgart

Partner/Kooperationen:

UpDate Marketing Service Deutschland GmbH

Microsoft GmbH

Toshiba Europe GmbH

CAS Software AG

Wilhelm-Schickard-Straße 10

76131 Karlsruhe

Tel. 0721/9638-141

Fax. 0721/9638-299

www.cas.de

Standorte:

Deutschland: Karlsruhe

CCC Computer Consulting Cifer GmbH

Schopflocher Str. 20

D-70563 Stuttgart

Tel. 0711/9018890

Fax. 0711/9018892

Standorte:

Deutschland: Stuttgart

Referenzen:

ABEX AG
GIM Gesellschaft für Industriemarketing GmbH
fischbach-dorner GmbH
TAMPOflex GmbH

CINCOM Systems Deutschland

Am Kronberger Hang 4

D-65824 Schwalbach/Ts.

Tel. 06196/9003-0

Fax. 06196/9003-270

http://icsolutions.cincom.com

Standorte:

Deutschland: Schwalbach

Clarify GmbH

Max-Planck-Straße 3

D-85609 Dornach

Tel. 0/89/94419-0

Fax. 089/94419-100

http://www.clarify.com

Standorte:

Weltweit: USA, Kanada, Mexico, Brasilien, Japan, Australien, Singapur, Südafrika

Europa: England, Frankreich, Italien, Spanien, Niederlande, Schweden, Israel

Deutschland: München

Partner/Kooperationen:

Andersen Consulting

PriceWaterhouseCoopers

CAP Gemini

Deutsche Telekom

Siemens AG

Viag Interkom

Cobra GmbH

Weberinnenstr. 7

D-78467 Konstanz

Tel. 07531/8101-0

Fax. 07531/8101-22

http://www.cobra.de

Standorte:

Europa: Schweiz

Deutschland: Konstanz

Cognos GmbH

Lyoner Str. 40

D-60528 Frankfurt a.M.

Tel. 069/66560-0

Fax. 069/66610 61

http://www.cognos.com/de

Partner/Kooperationen:

Weltweitweit: USA, Kanada

Europa: Großbritannien, Schweiz, Österreich

Deutschland: Frankfurt

Anhang B: Anbieterübersicht   149

Referenzen:

SAP
Microsoft
Aachener und Münchener
Dresdner Bank
Bertelsmann Music Group (BMG)

combit GmbH

Bahnhofstr. 1

D-78462 Konstanz

http://www.combit.de/

Tel. 07531/906010

Fax. 07531/906018

Standorte:

Deutschland: Konstanz

Referenzen:

Sony Europa
AEG
BMW Rolls-Roys

CompAS Gesellschaft für Unternehmensoptimierung mbH

Margot-Kalinke-Straße 3

80939 München

www.compas.de

Tel. 089/5439676

Fax. 089/5389192

Standorte:

Deutschland: München

Partner/Kooperationen:

Grimm Consulting GmbH

M+M EUROdata

Webexpress GmbH

CSB-SYSTEM Sw-Entwicklung & Unternehmensberatung AG

An Fürtherode 9-15

D-52511 Geilenkirchen

http://www.csb.de

Tel. 02451/625-121

Fax. 02451/625-65121

Standorte:

Weltweit: USA, Kanada, Argentinien, Südafrika

Europa: Österreich, Schweiz, England, Benelux

Deutschland: Geilenkirchen, Bremen, Stuttgart, Wielenbach, St. Gangloff

Partner/Kooperationen:

Compaq

Novell

SER-Systeme

Cursor Software AG

Industriestr. 6

D-35394 Gießen

http://www.cursor.de

Tel. 0641/40000-0

Fax. 0641/40000-44

Standorte:

Deutschland: Gießen

Partner/Kooperationen:

SAP

RWE

ifs

Dolphin Communication Technologies GmbH

Otto-Hahn-Straße 1c

D-69190 Walldorf

http://www.dolphinct.de

Tel. 06227/605-605

Fax. 06227/605-610

Standorte:

Deutschland: Walldorf

EHP Informatik GmbH

Drieschweg 13

D-53604 Bad Honnef

http://www.ehp.net

Tel. 02224/9431-0

Fax. 02224/9431-20

Standorte:

Deutschland: Bad Honnef

FirePond Deutschland GmbH

Niederkasseler Lohweg 185

40547 Düsseldorf

http://www.firepond.com

Tel. 0211/53604-0

Fax. 0211/53604-111

Standorte:

Weltweit: Boston (HQ), Detroit, Minneapolis, Oakland, Hong Kong, Tokio

Europa: Amsterdam (Europa & Asia HQ), London, Paris, Stockholm, Basel

Deutschland: Düsseldorf

Partner/Kooperationen:

Ernst & Young (USA)

Cap Gemini (F)

debis Systemhaus (D)

IBM

Intelligroup

LG Hitachi (J)

FJA AG

Leonhard-Moll-Bogen 10

81373 München

www.fja.com

Tel. 089/76901-0

Fax. 089/7698813

Standorte:

Weltweit: New York

Europa: Zürich, Wien, Maribor

Deutschland: München, Köln, Hamburg, Stuttgart, Berlin

Referenzen:

UBS, Zürich

Sparkassenversicherung Wiesbaden, Wiesbaden

FinanzScout24, Hamburg

GODEsys Gesellschaft für Netzwerksysteme mbH

Werner-von-Braun Str. 9

D-55129 Mainz

http://www.godesys.de

Tel. 06131/95977-0

Fax. 06131/95977-67

Standorte:

Deutschland: Mainz, Hannover, Villingen-Schwenningen

Partner/Kooperationen:

Oracle

Software AG

Microsoft

Grutzeck-Software GmbH

Landstr. 10

63454 Hanau

www.grutzeck.de

Tel. 06181/9701-0

Fax. 06181/9701-66

Standorte:

Deutschland: Hanau

Partner/Kooperationen:

Call-Center-Kompetenz-Network

Referenzen:

Wilma Bauträger, Strabag AG
Badenwerke
BMW
Airbus , Carrier Klimatechnik
August Wesemann GmbH
Cesra, BASF
BASF
Umschau Verlagsgruppe
VIVIL
Möbel Walther AG
Vedes e.G.
Birkart AG
Dentoflex, Dresden
Dresdner Vermögensberatung
Frankfurter Heinzelmännchen

mediaCo – A. R. Stachorski

Obere Bachstr. 15

D-70794 Filderstadt

info@digiVS.de

info@mediaco.de

www.digiVS.de

www.mediaCo.de

Tel. 0711/7777-848

Fax. 0711/7777-846

msp systems GmbH

Dechant-Fein-Str. 7

D-51375 Leverkusen

Tel. +49/214/85543-0

Fax. +49/214/85543-99

Anhang B: Anbieterübersicht

Standorte:

Weltweit: USA, Kanada, Australien, Südamerika, China, Südafrika

Europa: Benelux, Italien, Großbritannien, Irland, Spanien, Frankreich

Deutschland: Leverkusen

---

myview technologies

Riemekestr. 160

D-33106 Paderborn

http://www.myview.de

Tel. 05251/69090-300

Fax. 05251/69090-399

Standorte:

Deutschland: Paderborn

Partner/Kooperationen:

UNITY AG

CS&D Unternehmensberatung

CADBAS GmbH

NetConsult EDV Marketing GmbH

Kennedyallee 89

D-60596 Frankfurt

http://www.netconsult.de

Tel. 069/63398003

Fax. 069/63398041

Standorte:

Weltweit: Kanada, USA, Argentinien, China, Brasilien, Südafrika

Europa: Benelux, Frankreich, Großbritannien, Italien, Spanien

Deutschland: Frankfurt, Hamburg, Bonn, München

Partner/Kooperationen:

Softlab

Microsoft

OfficeKomfort GmbH

Herzog-Friedrich-Str. 52

D-24103 Kiel

http://www.officekomfort.de

Fax. 0431/674053

Standorte:

Deutschland: Kiel

Partner/Kooperationen:

Microsoft Deutschland GmbH

Lufthansa Aero GmbH

Air Mauritius

Onlinepartners.de GmbH

Postfach 1610

D-53826 Troisdorf

http://www.onlinepartners.de

Tel. +49/2241/978133

Fax. +49/2241/978135

Standorte:

Deutschland: Troisdorf

Partner/Kooperationen:

Cognos GmbH - Business Intelligence

NCR - Teradata Datenbank

oPen Software GmbH

Königstraße 31

D-25335 Elmshorn

http://www.open-software.de

Tel. 04121/103274

Fax. 04121/103284

Standorte:

Deutschland: Elmshorn

Partner/Kooperationen:

MultiCap GmbH

Referenzen:

Axel Springer Verlag
Hipp KG
Philips GmbH (Licht)

ORBIS GmbH

Nell-Breuning-Allee 3-5

66115 Saarbrücken

http://www.orbis.de

Tel. 0681/9924-0

Fax. 0681/9924-201

Standorte:

Weltweit: Washington D.C.

Europa: Paris

Deutschland: Saarbrücken, Hamburg, Bielefeld, München, Frankfurt am Main, Düsseldorf

Partner/Kooperationen:

CINCOM

Heyde AG; debis

Microsoft

Referenzen:

Mannesmann Rexroth
Thyssen Aufzüge GmbH
Thyssen Fahrtreppen GmbH
TotalFinaELF Deutschland GmbH
Bonduelle
Deutsche Post Global Mail GmbH
Panasonic Deutschland GmbH
Krauss Maffei Verfahrenstechnik GmbH
Carl Schenck AG
Degussa Bank
KSB

ORGAPLAN Software GmbH

Bahnstr. 67

D-50858 Köln

http://www.orgaplan.de

Tel. 02234/4074-0

Fax. 02234/4074-0

Standorte:

Deutschland: Köln, Hannover

Referenzen:

SK Meschede
KSK Pinneberg
SK Freiburg

Anhang B: Anbieterübersicht 159

PAVONE AG

Elsener Str. 95

D-33102 Paderborn

http://www.pavone.de

Tel. 05251/3102-0

Fax. 05251/3102-99

Standorte:

Weltweit: USA

Europa: Großbritannien

Deutschland: Paderborn, Frankfurt, Nürnberg

Partner/Kooperationen:

Lotus

IBM

PLANWARE Beratung & Software

Gollierstr. 70

D-80339 München

http://www.planware.com

Tel. 089/540936-0

Fax. 089/540936-40

Standorte:

Europa: Schweiz

Deutschland: München

Partner/Kooperationen:

Innotech AG Schweiz

Cursor AG

Point Informations Systeme GmbH

Karlsplatz 11

D-80335 München

http://www.pointinfo.com

Tel. 089/54866100

Fax. 089/54866486

Standorte:

Weltweitweit: USA, Australien, Singapur

Europa: Großbritannien, Irland, Frankreich

Deutschland: München

Partner/Kooperationen:

KPMG

Logica

Lufthansa Systems

PTV Planung Transport Verkehr AG

Stumpfstr. 1

D-76131 Karlsruhe

http://www.ptv.de

Tel. 0721/9651-0

Fax. 0721/9651-699

Standorte:

Europa: Niederlande

Deutschland: Karlsruhe, Stuttgart, Berlin, München

Referenzen:

Mercedes
Porsche
Deutsche Bank

Anhang B: Anbieterübersicht 161

REGWARE GmbH

Postfach 2118

D-82110 Germering

http://www.regware.de

Tel. 089/890213-13

Fax. 089/890213-50

Standorte:

Weltweit: USA

Europa: Österreich, Großbritannien

Deutschland: Germering, Hamburg

Saratoga Systems GmbH

Ramersdorfer Straße 1

D-81669 München

http://www.saratogasystems.de

Tel. 089/689502-0

Fax. 089/689502-25

Standorte:

Deutschland: München

Partner/Kooperationen:

Origin

novadata

Mak-Data-Systems

schmidt e-services

Wiesental Str. 10a

D-65207 Wiesbaden

http://www.commence.de

Tel. 0611/9545577

Fax. 0611/9545578

Standorte:

Deutschland: Wiesbaden

Partner/Kooperationen:

Commence Corporation

OR Network

addco Informatik

Selligent SA

Industriestr. 161c

D-50999 Köln

http://www.selligent.com

Tel. +32/2/7145420

Fax. +32/2/7145430

Standorte:

Weltweitweit: Brasilien

Europa: Großbritannien, Niederlande, Frankreich, Benelux

Deutschland: Köln

Partner/Kooperationen:

Logica

Business Objects

Saqqara

Referenzen:

Johnson & Johnson (NL)
Mars/Masterfoods (Europe)
Siemens (B)

Siebel Systems Deutschland GmbH

Münchner Str. 14

D-85774 Unterföhring

http://www.siebel.com

Tel. 089/95718-385

Fax. 089/95718-500

Standorte:

Weltweitweit: USA

Europa: Frankreich, Großbritannien, Italien

Deutschland: München, Frankfurt

Partner/Kooperationen:

IBM

Delouite Consulting

Anderson Consulting

SuperOffice GmbH

Technologiepark Dortmund

Martin-Schmeißer-Weg 9

D-44227 Dortmund

http://www.superoffice.de

Tel. 0231/7586-0

Fax. 0231/7586-111

Standorte:

Europa: Norwegen, Schweden, Dänemark, England, Niederlande, Spanien

Deutschland: Dortmund, Hamburg

Partner/Kooperationen:
Sybase
Merkantildata
Compulan Sales Information Systems

Systemberatung Müller & Feuerstein SMF KG
Martener Str. 525
D-44227 Dortmund
http://www.smf.de
Tel. 0231/9644-0
Fax. 0231/9644-100

Standorte:
Deutschland: Dortmund

Partner/Kooperationen:
Unternehmensberatung Weihenstephan GmbH
4S GmbH
SAP

TDV GmbH
Maybachstr. 10
D-76227 Karlsruhe
http://www.tdv.de
Tel. 0721/404082
Fax. 0721/404080

Standorte:
Deutschland: Karlsruhe, Berlin, Frankfurt, Hamburg

Partner/Kooperationen:

repas AEG Software GmbH

Bäurer AG

PSIPENTA GmbH

Referenzen:

Continental AG (Reifen)
Trilux-Lenze Hospitaltechnik GmbH
Saastahl AG

Team 4 Systemhaus GmbH

Kaiserstr. 100

D-52134 Herzogenrath

http://www.team4.de

Tel. 02407/9582-0

Fax. 0/2407/9582-22

Standorte:

Deutschland: Aachen, Ismaning

Partner/Kooperationen:

Lotus

Microsoft

SAP

Referenzen:

Bayer AG
Siemens AG
Dekra AG

teamware GmbH – Software für Morgen

In der Herrnau 3

D-90518 Altdorf

www.teamware-web.de

Tel. 09187/97230

Fax. 09187/972349

Standorte:

Altdorf

UNiQUARE Financial Solutions GmbH

Lannerweg 9

A-9201 Krumpendorf am Wörthersee

www.uniquare.com

+43/(0)4229/94000

+43/(0)4229/94000-444

Standorte:

Weltweit: Malaysien, Japan, Südafrika

Europa: Österreich, Schweiz, Italien, Benelux

Referenzen:

ARZ - Allgemeines Rechenzentrum für Volks-, Hypo- und Privatbanken
Deutsche Bank AG
RBG - Rechenzentrale Bayerischer Genossenschaften
Postfinance
Hanseatische Bank
Public Bank Berhad
Coop-Bank
First National Bank
Standard Bank
AGI - Aktiengesellschaft für Informatik
Kärntner Sparkasse

Anhang C: Glossar zum CRM-Umfeld

Absatzkanal

Absatzkanäle sind Ketten aus Vertriebseinheiten des Herstellers, z. B. Reisende, und rechtlich sowie wirtschaftlich selbständigen Absatzmittlern (z. B. Einzel-, Großhandel, Handelsvertreter), die im Distributionsprozeß absatzpolitische Instrumente einsetzen. Sie beschreiben somit den Weg, den das Produkt von seiner Herstellung bis zur Verwendung durchläuft. Der Begriff des Absatzkanals ist nicht mit dem Begriff der physischen Distribution zu verwechseln, wobei es sich um die Marketinglogistik handelt.

After-Sales Service

After-Sales Service beschreibt Serviceleistungen, z. B. Service-Hotline, die dem Kunden nach Kauf des Produktes gewährt werden.

BKAV-Verfahren

Das BKAV (= Bestandsaufnahme, Kategorisierung, Auswahl, Validierung der relevanten Produkteigenschaften)-Verfahren ist eine Methode zur Entwicklung effektiver Fragebögen im Rahmen von Kundenzufriedenheitsanalysen, bei der die relevanten Produkteigenschaften über Interviews mit Kunden und Marktexperten aufgenommen und in Pre-Tests validiert werden.

Bundeling

Bundeling stellt ein Instrument der Preisdifferenzierung dar, das über geschickte Zusammenstellung der angebotenen Leistungen zu Paketen höhere Konsumentenrenten als bei Einzelverkauf abschöpft.

Business Mapping

Das Business Mapping beschreibt die Analyse und Darstellung von Daten wie z. B. Marktstrukturen und -wirkungen im geographischen Bezug.

Buying Center

Buying Center sind in Unternehmen für die Durchführung von Einkaufsprozessen verantwortlich und Beinhalten fünf verschiedene Rollen: Verwender, Einkäufer, Beeinflusser, Entscheidungsträger und Gate-Keeper, die den Informationsfluß in das Buying Center kontrollieren.

Callplan

Callplan ist eine quantitative Methode, mit deren Hilfe bestimmt wird, wie oft ein Außendienstmitarbeiter seine Kunden in den einzelnen Verkaufsgebieten seines Außendienstbezirks besuchen sollte.

Churn Rate

Churn Rate ist die amerikanische Bezeichnung für Kundenabwanderungsquote.

Clusteranalyse

Die Clusteranalyse ist ein multivariates Analyseverfahren, das die Marktsegmentierung unterstützt. Sie zerlegt einen Gesamtmarkt auf Basis von Marktforschungsumfragen in heterogene Teilmärkte, die wiederum in sich möglichst homogen sind.

Computer Telephony Integration (CTI)

Computer Telephony Integration beschreibt die Technologie zur Verbindung von Informationsverarbeitung und Telekommunikation. Sie schafft eine einheitliche Verarbeitungsumgebung, die es dem Anwender ermöglicht, telefonbezogene Daten direkt zu erfassen und auszuwerten.

Conjoint Measurement

Conjoint Measurement ist eine Marktforschungsmethode, mit dessen Hilfe für die Zufriedenheit der Kunden optimale Produkte in Abhängigkeit von Preis und Leistung konstruiert werden können.

Critical Incident Technique

Die Critical Incident Technique ist eine Methode zur Entwicklung effektiver Fragebögen, bei der über die Aussagen unzufriedener Kunden auf die wesentlichen Produkteigenschaften zurückgeschlossen wird.

Customer Interaction Software (CIS)

Customer Interaction Software ist ein Sammelbegriff für Programme, die zur Verkäufer-Kunden Interaktion eingesetzt werden, vor allem im Call Center und im Internet.

Customer Lifetime Value

Die Verfolgung des Customer Lifetime Value als Zielgröße im Marketing stellt ein Konzept dar, sich nicht nur an dem kurzfristigen, in einer Periode mit einem Kunden erzielbaren Erfolg zu orientieren, sondern sich an dem langfristigen Wert der Kundenbeziehung mit all sein Ein- und Auszahlungsströmen zu orientieren. Der Customer Lifetime Value ist in der Regel um so höher, je höher die Kundenzufriedenheit ist.

Customer Service System

Das Customer Service System dient der Steuerung und Unterstützung des Kundenservice. Es vergibt unter anderem Anweisung an den Kundendienst und beinhaltet in den meisten Fällen ein Helpdesk.

Data Warehouse

Das Data Warehouse liefert die multidimensionale Datenbasis für die Auswertungen der Techniken des Data Mining.

Database Marketing

Database Marketing stellt die differenzierte Marktbearbeitung auf Basis von Marktforschungsdaten dar.

Dialogmarketing

siehe One-to-One-Marketing

Direktvertrieb

Der Direktvertrieb ist der Absatzkanal, bei der Unternehmen keine unternehmensexternen Absatzmittler einsetzen.

Enterprise Resource Planning (ERP)

Enterprise Resource Planning-Programme dienen der Steuerung und Realisierung der internen Unternehmensplanung.

Exklusivmarken

Exklusivmarken sind Varianten einer Produktmarke, die exklusiv nur einem oder einer bestimmten Gruppe von Absatzmittlern zum Vertrieb zur Verfügung gestellt werden.

Faktorenanalyse

Die Faktorenanalyse ist ein multivariates Analyseverfahren zur Datenverdichtung und unterstützt den Positionierungsansatz bei der Identifikation der von den Kunden wahrgenommenen Position im Gesamtmarkt der vom Unternehmen angebotenen Leistung. Sie filtert bei Marktforschungsumfrageergebnissen Abhängigkeiten zwischen den abgefragten Eigenschaften einer Leistung heraus und identifiziert hinter den Kriterien stehende Superfaktoren, die den Eigenschaftsraum des Positionierungsmodells aufspannen.

Front Office

Dieser Begriff umfaßt alle zum Kunden gerichtete Porzesse im Gegensatz zum Backoffice.

Geographisches Informationssystem (GIS)

GIS ist ein Sammelbegriff für alle Systeme, die zur Aufnahme, Analyse und Darstellung geographischer Daten dienen. (siehe Business Mapping)

Gesamtmarkt

Die Grenzen von Gesamtmärkten einer Produktart verwischen immer stärker durch die unterschiedlichsten auf die Kundenbedürfnisse abgestimmten Produktvarianten.

Heavy User

Heavy User sind Kunden, die im Gegensatz zu Light Usern ein Produkt besonders häufig nachfragen und deshalb die Hauptzielgruppe des Marketing darstellen.

Helpdesk

Ein Helpdesk ist eine Datenbank, die auftretende Kundenprobleme aufnimmt und analysiert. Sie unterstützt ein Call Center bei der Beantwortung von eingehenden Fragen.

Hypermedia

Hypermedia stellt die Verknüpfung von Hypertext und Multimedia dar.

Hypertext

Hypertext unterscheidet sich im Vergleich zu herkömmlichen, linearen Texten insofern, daß er es über Querverweise - sogenannte Links - erlaubt, zwischen Textteilen zu springen.

Interactive Selling Systeme (ISS)

Diese Systeme sind speziell für den Gebrauch im Verkauf konzipiert. Sie reichen vom elektronischen Katalog bis zum Produktkonfigurationssystem.

Investitionsgütermarketing

Investitionsgütermarketing bezeichnet im Gegensatz zum Konsumgütermarketing die Vermarktung von Wiedereinsatzfaktoren, die in Unternehmen und öffentlichen Betrieben zum Einsatz kommen.

Just-in-Time-Marketing

Just-in-Time-Marketing bezeichnet die richtigen Produkte, zum richtigen Zeitpunkt, im richtigen Absatzkanal den Kunden entsprechend seiner derzeitigen Bedürfnisse anzubieten. Deshalb sind die latenten, noch nicht artikulierten Bedürfnisse von Kunden frühzeitig zu erkennen. Diese Frühaufklärung der Kundenbedürfnisse ist bei immer kürzer werdenden Innovationszyklen von großer Bedeutung.

Kano-Konzept

Das Kano-Konzept unterstützt mit Hilfe des Target Costing die kundengerechte Gestaltung von Produkten. Es zerlegt dabei das Produkt in Basis-, Standard- und Begeisterungseigenschaften. Basiseigenschaften, z.B. die Bremsen eines PKW, müssen ein Mindestniveau aufweisen, damit die Kundenzufriedenheit nicht rapide absinkt. Eine stärkere Ausgestaltung der Eigenschaft über das Mindestniveau hinaus führt nur zu geringfügigen Steigerungen der Kundenzufriedenheit. Bei Standardeigenschaften, z.B. die PS eines PKW, gilt tendenziell "je mehr, desto kontinuierlich besser". Begeisterungseigenschaften, die der Kunde selber oftmals nicht direkt artikulieren kann, steigern die Kundenzufriedenheit überproportional.

Kausalanalyse

Die Kausalanalyse ist ein multivariates Analyseverfahren, daß auf Basis von Marktforschungsumfragen über Interkorrelationen ein Erklärungsmodell der Kundenzufriedenheit liefert, also das Ausmaß und die Zusammenhänge der Wirkung einzelner Produkteigenschaften auf die Kundenzufriedenheit bestimmt.

Kontaktmanagementsoftware

Unter Kontaktmanagementsoftware versteht man einfache Programme zur Aufnahme und Pflege von Kundendaten wie Adressen, Kontakten und Aktivitäten.

Kundenbindung

Kundenbindung stellt eine Basis für die Erhaltung und Steigerung des langfristigen Unternehmenswertes dar. Sie beschreiben, inwieweit Kunden der oder den Marken des Unternehmens treu bleiben und Wiederholungskäufe tätigen.

Kundenerfolgsrechnung

In der Kundenerfolgsrechnung wird abgebildet, welche monetären Erfolge das Unternehmen bei bestimmten Kunden bzw. Kundengruppen erzielt.

Kundenportfolio

Kundenportfolios, wie z. B. das Kundenwachstum-Lieferanteil-Portfolio oder das Kundenattraktivität-Relative Lieferantenposition-Portfolio, dienen zur Analyse, wie insbesondere im Investitionsgütermarketing Vertriebsressourcen eingesetzt werden sollten.

Kundenpotential

Das Kundenpotential steht für den Umsatz, der mit einem Kunden in Zukunft generiert werden kann.

Kundenzufriedenheit

In der Kundenzufriedenheit drückt sich aus, wie zufrieden der Kunde mit dem bei einem Unternehmen nachgefragten Produkt oder der Dienstleistung ist. Sie stellt eine notwendige, aber nicht hinreichende Bedingung für Kundenbindung dar. Die Kundenzufriedenheit kann über direkte Befragungen oder über stellvertretende Indikatoren, wie z. B. die Anzahl der beschwerden, ermittelt werden.

Lebenszyklusmodell

Das Lebenszyklusmodell beschreibt, daß Märkte, Produkte und Technologien unterschiedliche Phasen (Einführung, Wachstum, Reife, Sättigung und Versteinerung) bezüglich ihres Umsatzpotentials durchlaufen. Der Marktzyklus beinhaltet mehrere Technologiezyklen, die wiederum sich in Produktzyklen unterteilen. Die Dauer der Zyklen und einzelnen Phasen kann dabei auf einzelnen Märkten von sehr unterschiedlicher Länge sein.

LISREL

LISREL ist der im Rahmen von Kausalanalysen am häufigsten verwendete Algorithmus.

Marketing-Automation

Dieser Überbegriff steht für alle Systeme zur Unterstützung des Marketings, wie z. B. die Marketing-Enzyklopädie, das Data Warehouse und Data Mining.

Marketing-Enzyklopädie

Eine Marketing-Enzyklopädie ist ein System zur Unterstützung des Verkaufs. Sie beinhaltet alle Information über Produkte, Aktivitäten und Marketingaktionen.

Marketing-Mix

Im Marketing-Mix ordnen sich die zur Marktbearbeitung zur Verfügung stehenden Instrumente in die vier Bereiche Distributions-, Kommunikations-, Preis- und Produktpolitik ein. Teilweise werden auch Produkt- und Preispolitik unter dem Begriff Angebotspolitik zusammengefaßt. Der Marketing-Mix eines Unternehmens beschreibt die konkrete Ausgestaltung der vom Unternehmen zur Marktbearbeitung ausgewählten Instrumente.

Marketingcontrolling

Marketingcontrolling bezeichnet das Controlling der Marketingaktivitäten eines Unternehmens. Im Rahmen des Marketingcontrolling sollten nicht nur die bloßen Kosten für Werbung und Verkaufsförderung etc. budgetiert und überwacht werden, sondern vielmehr auch Zielgrößen wie Kundenzufriedenheit und der Customer Lifetime-Value analysiert werden.

Marktsegmentierung

Marktsegmentierung bedeutet die Zerlegung eines Gesamtmarktes in in sich homogene Teilmärkte, die untereinander wiederum möglichst heterogen sind. Auf Basis der identifizierten Teilmärkte erfolgt eine differenziertere Marktbearbeitung.

Mediaselektion

Im Rahmen der Mediaselektion entscheiden Unternehmen darüber, welche Medien sie als Werbeträger nutzen wollen. Zu unterscheiden ist zwischen Inter- und Intramediaselektion. Intermediaselektion ist die Auswahl zwischen Medientypen, z.B. Fernsehen oder Printmedien, Intramediaselektion die Auswahl zwischen Titeln im Rahmen des ausgewählten Medientyps.

Multimedia

Multimedia bedeutet die rechnergestützte, interaktive Kombination verschiedener Medien.

Neukundengewinnung

Die Neukundengewinnung ist wichtig für das Wachstum des Unternehmens. Dabei ist zu beachten, daß die "Alt"-Kunden nicht vernachlässigt werden. Die Ansprache der Neukunden und die Produktgestaltung darf sich allerdings nicht zu weit von den Bedürfnissen der "Alt"-Kunden entfernen, da ansonsten auf der einen Seite Kunden hinzugewonnen, aber auf der anderen Seite auch verloren werden.

One-to-One-Marketing

One-to-One-Marketing beschreibt ein Marketing, das sich in seiner Idealausprägung an den spezifischen Bedürfnissen jedes einzelnen Kunden orientiert.

Panel

Panel stellen eine Grundlage für ein Database Marketing dar. Sie sind eine Art permanente Stichprobe, bei der eine Gruppe von Personen, Haushalten oder Unternehmen etc. sich laufend befragen läßt und auch selbst Aufzeichnungen über das eigene Kaufverhalten vornimmt.

Partnermanagement

Partnermanagement beinhaltet die Koordination, Steuerung und das Controlling externer Servicepartner, die als Outsourcing-Partner Serviceleistungen für die Kunden erbringen.

Produktkonfigurationssystem

Diese Systeme ermöglichen es dem Verkäufer eine den Kundenwünschen entsprechende Produktkonfiguration direkt auszuwählen und anzubieten.

Produktkonfigurator

Produktkonfiguratoren unterstützen das Variantenmanagement, indem sie die Gestaltung kundenindividueller Produktvarianten unter Berücksichtigung der technischen Möglichkeiten erlauben.

Produktpositionierungsmodell

Das Produktpositionierungsmodell dient der Analyse der Marktsituation und unterstützt somit die Marktsegmentierung. Es positioniert die Konsumenten und Produkte bzw. Marken einer Produktart in einem mehrdimensionalen Eigenschaftsraum.

Qualitätszufriedenheit

siehe Kundenzufriedenheit

Reklamationscontrolling

Reklamationscontrolling eignet sich zur Unterstützung und Effizienzsteigerung im Reklamationsmanagement.

Reklamationsmanagement

Reklamationsmanagement beschreibt die von Unternehmen aktiv betriebene Bewältigung von Reklamationen seiner Kunden, um diesen zufrieden zu stellen. Reklamationen stellen dabei die Artikulation subjektiver wahrgenommener Dissonanzen zwischen den Vorstellungen des Kunden, also dem Soll, und dem tatsächlichen Ist, also der erbrachten Leistung des Unternehmens, dar.

Sales Force Automation (SFA)

Sales Force Automation ist ein aus dem Amerikanischen kommender Begriff, der Informationssysteme für den Vertrieb beschreibt. Der Hauptanwendungsbereich liegt im Vertriebsinnen- und -außendienst.

Servicemarketing

Servicemarketing beschreibt die aktive Vermarktung von Serviceleistungen, z. B. Wartungsverträge, die zu einem "Haupt"produkt angeboten werden.

SPSS

SPSS ist eine Standardsoftware zur Auswertung von Marktforschungsdaten.

Target Costing

Target Costing ist ein Instrument zur Gestaltung kundenoptimaler Produkte unter Berücksichtigung der Kundenbedürfnisse, der Kosten und des Preises. Es werden nicht wie bei der traditionellen Zuschlagskalkulation Zielpreise kalkuliert, sondern retrograd in Abhängigkeit der Kundenbedürfnisse die Zielkosten.

Technology Enabled Relationship Marketing (TERM)

Das Technology Enabled Marketing ist dem CRM sehr ähnlich, beinhaltet aber auch E-Commerce und das Interactive Selling. Der Begriff TERM wurde von der amerikanischen Gartner Group eingeführt.

Technology Enabled Selling (TES)

Das Technology Enabled Selling ist der für den Verkauf gedachte Teil des Technology Enabled Relationship Marketing (TERM). Diese Systeme werden sowohl im Verkaufsgespräch, aber auch im Bereich des E-Commerce eingesetzt.

Time to Market

Der Begriff Time to Market bezeichnet den Zeitraum von der Entwicklung eines Produktes bis hin zu seiner Marktreife. Die Kürze dieses Zeitraumes wird in Zeiten immer kürzer werdender Markt-, Produkt-, und Technologiezyklen für den Erfolg des Unternehmens immer entscheidender.

Total Quality Management/ Total Sales Quality

Total Quality Management stellt die Qualität als strategischen Wettbewerbsfaktor in den Mittelpunkt. Ziel des Total Quality Management ist die Steigerung der Qualität bei unveränderten oder verkürzten Bearbeitungszeiten und gleichen oder geringeren Kosten. Total Sales Quality ist die Übertragung der Prinzipien des Total Quality Management auf den Vertrieb.

Ubiquität

Ubiquität bezeichnet die nahezu Überallerhältlichkeit eines Produktes.

Unassisted Selling

Diese Methode bedeutet den Verkauf ohne Verkäufer. Der Kunde sucht in einem elektronischen Katalog und bestellt sein Produkt z. B. über das Internet.

Unique Selling Proposition (USP)

Der USP bezeichnet den gegenüber den Kunden kommunizierten einzigartigen Verkaufsvorteil, der die Produktleistung des Unternehmens von der seiner Wettbewerber abhebt.

Variantenmanagement

Variantenmanagement bezeichnet die Lösung der mit dem Angebot einer Vielzahl unterschiedlicher Ausgestaltungen eines Basisprodukts einhergehenden betriebswirtschaftlichen Probleme. Durch die immer stärker differenzierten Kundenbedürfnisse gewinnt das Variantenmanagement zunehmend an Bedeutung.

Versioning

Versioning stellt ein Instrument der Preis- und Produktdifferenzierung dar, das Varianten eines Produktes in Abhängigkeit der jeweiligen Bedürfnisse des Kunden oder der Kundengruppe schneidet.

Vertikales Marketing

Vertikales Marketing ist die Durchsteuerung der Produkte des Unternehmens durch den Absatzkanal.

Virtueller Vertrieb

Virtueller Vertrieb bezeichnet die Anwendung von Informationstechnologie zur Nutzung aller Unternehmensressourcen und -fähigkeiten, um dem Kunden eine vollständige Lösung für seine speziellen Anforderungen zu liefern.

Zielgruppenauswahl

Die Zielgruppenauswahl legt fest, welche Kundengruppen Marketing und Vertrieb besonders bearbeiten sollen. Die Auswahl muß in Einklang mit den Unternehmenszielen, den Fähigkeiten des Unternehmens in der Marktbearbeitung und unter Berücksichtigung der bisherigen Kundenstruktur erfolgen.

Literaturverzeichnis

Arisawa, S. u. a., Optimal Time-Cost Trade-Offs in GERT Networks, in: Management Science, S. 589 – 599.

Backhaus, K., Multivariate Analysemethoden, 6. Auflage, Berlin u. a, 1990.

Backhaus, K., Investitionsgütermarketing, 4. Aufl., München 1995.

Bailom. F. u. a., Das Kano-Modell der Kundenzufriedenheit, in: Marketing ZFP, Heft 2, 2. Quartal 1996, S. 117 – 126.

Balderjahn, I., Die Kreuzvalidierung von Kausalmodellen, in: Marketing ZFP, Heft 1/1988, S. 61 – 72.

Balderjahn, I., Marktreaktion von Konsumenten, Berlin 1993.

Barzen, D., Marketing-Budgetierung, Frankfurt am Main u. a. 1990.

Bass, C., Consumer Behavior, New York 1974.

Becker, J., Marketing-Konzeption, 6. Auflage, München 1998.

Behrens, G., Konsumentenverhalten, 2. Auflage, Heidelberg 1991.

Berekoven, L. u. a., Marktforschung, 4. Auflage, Wiesbaden 1989.

Berndt, R., Marketing 1, Berlin u. a. 1990.

Bieberstein, I., Dienstleistungsmarketing, 2. Auflage, Ludwigshafen (Rhein) 1998.

Böcker, F., Präferenzordnung als Mittel marktorientierter Unternehmensführung, in: ZfbF, Heft 6/1986, S. 543 – 574.

Booc, G., Object Oriented analysis and design with applications, 2. Auflage, Redwood City 1994.

Braun, B., Risikoanalyse einer Erfolgsprognose mit einem Tabellenkalkulationsprogramm, in: wisu, Heft 12/1997, S. 1153 – 1160.

Brinkmann, T., Servicepolitik als Mittel zur Erhöhung der Kundenzufriedenheit und -bindung in Banken, Frankfurt am Main 1998.

Brinker, D., Untersuchung zu Einsatz und Konsequenzen von Multimediakonzepten in Geschäftsprozessen und Workflowmanagement-Systemen, Marburg 1997.

Brosius, G., SPSS/PC+ Advanced Statistics and Tables, Hamburg 1989.

Bruhn, M., Konsumentenzufriedenheit und Beschwerden, in: wisu, Heft 4/1984, S. 300 - 307.

Bruhn, M., Integrierte Unternehmenskommunikation, 2. Auflage, Stuttgart 1995.

Büschken, J., Multipersonale Kaufentscheidungen: empirische Analyse zur Operationalisierung von Einflußbeziehungen im Buying Center, Wiesbaden 1994.

Chamoni, P., Ausgewählte Verfahren des Data Mining, S. 301 - S. 320, in: Chamoni, P. u. a. (Hrsg.): Analytische Informationssysteme, 1998.

Corsten, H. u. a., Betriebswirtschaftslehre, 3. Auflage, München u. a. 1999.

Dangelmaier, W. u. a., Modell der Fertigungslenkung, Berlin 1995.

Dangelmaier, W. u. a., Fertigungslenkung, Berlin u. a. 1997.

Dangelmaier, W., Fertigungsplanung, Berlin u. a. 1998.

Dienes, M., Bindungsprogramme für loyale Kunden, in: acquisa, Heft 9/1999, S. 74 - 76.

Düsing, R., Knowledge Discovery in Databases and Data Mining, in: Chamoni, P. u. a.: Analytische Informationssysteme, Berlin u. a. 1998, S. 292 –299.

Evans, A. H., Risiko besser im Griff – Bewertung gewerblicher Immobilien durch die Monte-Carlo-Methode, in: Hamburger Wirtschaft, Heft 9/1995, S. 34 – 36.

Everitt, B. S., Cluster Analysis, 3. Auflage, London 1993.

Fillon, M., Keep on Trucking, in: Sales & Marketing Management, Heft 6/1995, S. 17 – 23.

Fishbein, M., A Behavior Theory: Approach to the Relations between Beliefs about an Object and the Attitude toward the Object, in: Fishbein (Hrsg.): Readings in Attitude Theory and Measurement, New York u. a. 1967, S. 389 - 400.

Fornell, C., A National Customer Satisfaction Barometer: The Swedish Experience, in: Journal of Marketing, Heft 1/1992, S. 6 – 21.

Freter, H., Marktsegmentierung, Stuttgart 1983.

Gierl, H. u. a., Zufriedenheit mit dem Kundendienst, in: Jahrbuch für Absatz- und Verbrauchsforschung, Heft 3/1993, S. 239 – 261.

Görz, G. (Hrsg.), Einführung in die künstliche Intelligenz, Addison-Wesley, 1995.

Günter, B. u. a., Management von Kundenzufriedenheit – Gestaltung des After-Sales-Netzwerkes, in Marktforschung & Management, Heft 3/1992, S. 109 – 114.

Hammond, K. J., Case-based planning, Boston 1989.

Hansen, U. u. a., Verbraucherzufriedenheit und Beschwerdeverhalten, New York u. a. 1987.

Hassmann, V., Knappe Zeit optimal einsetzen, in: salesprofi, Heft 7/1999, S. 20 – 23.

Heilmann, H., Workflow Management: Integration von Organisation und Informationsverarbeitung, in: HMD, Heft 176, 1994, S. 8 – 21.

Helmke, S., Positionierung alternativer Einkaufsstätten für Sanitärprodukte – eine empirische Untersuchung, Tectum, Marburg 1997.

Helmke, S., Gestaltungsaspekte des Reklamations-Controlling, in: Der Karriereberater, Remagen 1998.

Helmke, S., Die erfolgreiche Umsetzung von Change-Management, in: Der Karriereberater, Remagen 1998.

Helmke, S., Controlling des Erfolges von Change-Management, in: Der Karriereberater, Remagen 1998.

Helmke, S., Change-Management als Basis für die organisatorische (Um-)Gestaltung eines Unternehmens, in: Der Karriereberater, Remagen 1998.

Helmke, S., Analyse regionaler Kundendaten; in: Office Journal 6/1999.

Helmke, S., Werbeeinnahmen bei virtuellen Communities, wo liegen die Probleme?, in: Netbook 2/99, Düsseldorf 1999.

Helmke, S., Wissens- und Kundenmanagement im Internet, in: Kottkamp, R., Rademacher, L. (Hrsg.): Kommunikations- und Kooperationsplattformen für Unternehmensnetzwerke, Verl. Praxiswissen, Dortmund 1999.

Helmke, S., Regional Virtual Networks, Konferenzbeitrag zur ICCIM, Singapur 2000.

Helmke, S., CRM-Systeme: Quo vadis? - Von der Effizienz zur Effektivität, in: CRM-Report, Sonderheft, des salesprofi, März 2000.

Helmke, S., Höhere Reagibilität im Kundenmanagement durch den Einsatz von CRM-Systemen, in: Dangelmaier, W. (Hrsg.): Das reagible Unternehmen, ALB-HNI-Verlagsschriftenreihe, Paderborn 2000.

Helmke, S., CRM im Mittelstand - In fünf Schritten zum richtigen System, in: Business User, Heft 05/2000.

Helmke, S., Gestaltung eines Informationsmodells für ein prozeßorientiertes Kundenbindungsmanagement, Konferenzbeitrag zur MoBis, Siegen 2000.

Herrmann, J., Maschinelles Lernen und Wissensbasierte Systeme, Berlin u. a. 1997.

Herrmann, A, u. a., An Introduction to Quality, Satisfaction and Retention, in: Johnson, M. D.: Customer Retention in the Automotive Industry, Wiesbaden 1997, S. 1 – 18

Herrmann, A., Produktmanagement, München 1998.

Herz, E. u. a., Prozeßorientiertes Controlling des Vertriebs, in: Kostenrechnungspraxis, Heft 5/1999, S. 288 – 293.

Hinterhuber, H. H. u. a., Kundenzufriedenheit durch Kernkompetenzen, München 1997.

Hochstädter, D., Statistische Methodenlehre, / Auflage, Frankfurt am Main 1991.

Homburg, C. u. a., Kausalmodelle in der Marketingforschung, in: Marketing ZFP, Heft 3, 3. Quartal 1990, S. 181 – 191.

Homburg, C., Die Kausalanalyse, in: WiSt, Heft 10/1992, S. 499 – 508.

Homburg, C., Wie zufrieden sind Ihre Kunden tatsächlich, in: Harvard Business Manager, Heft 1/1995, S. 43 – 50.

Homburg, C. u. a., Marktorientiertes Kostenmanagement, Frankfurt am Main 1997.

Homburg, C. u. a., Kundenverständnis über die Kundenzufriedenheit hinaus: Der Ansatz des Strategic Customer Review, Mannheim 1999.

Hünerberg, R.; Mann, A., Einsatzgebiete und -probleme des Internet im Marketing. In: Industrie Management, Ausgabe 1/1999, S. 31-35.

Hüttner, M., Grundzüge der Marktforschung, 4. Auflage, Berlin u. a. 1989.

Hüttner, M. u. a., Marketing-Management, München u. a. 1994.

Johnson, M. D., Customer Orientation and Market Action, New Jersey 1998.

Jost, W., Das ARIS-Toolset: Eine neue Generation von Reengineering-Werkzeugen, in: Scheer, A. W. (Hrsg.), Prozeßorientierte Unternehmensmodellierung, Wiesbaden 1997, S. 77 – 100.

Kalakotta, R.; **Whinston**, A. B., Frontiers of Electronic Commerce. Addison-Wesley, Reading, New York 1996.

Kano, N., A Perspective on Quality Activities in American Firms, in: California Management Review, Volume 35, Frühjahr 1993, S. 12 – 31.

Karl, R., Qual der Wahl, in: Business Computing, Heft 7/1995, S. 36 – 38.

Kleinaltenkamp, M., Dienstleistungsmarketing, Berlin u. a. 1997.

Kolberg, M., Betriebswirtschaftliche Formeln und Verfahren, Haar bei München 1995.

Kolodner, J., Case-Based Reasoning, San Mateo 1993.

Kotler, P. u. a., Marketing-Management, 8. Auflage, Stuttgart 1995.

Krah, E.-S., Kontakte knüpfen ohne Druck, in: salesprofi, Heft 9/1999, S. 62 – 64.

Lackes, R. u. a., Data Mining in der Marktforschung, in: Hippner, H. u. a. (Hrsg.): Computer Based Marketing, Wiesbaden u. a. 1998.

Lebowitz, M., Integrated Learning, Controlling Explanation, New Jersey u. a. 1986.

Lingenfelder, M. u. a., Die Zufriedenheit der Kunden, in: Marktforschung & Management, Heft 1/1991, S. 29 – 34.

Litzke, H.-D., Gute Planung – hoher Nutzen, in Business Computing, Heft 7/1995, S. 24 – 27.

Meffert, H., Marktforschung, Wiesbaden 1986.

Meffert, H., Marketing, 8. Auflage, Wiesbaden 1998.

Mohrdieck, C., Kreativität aus dem Chaos, in Marketing ZFP, Heft 1/1993, S. 47 – 54.

Nastansky, L. u. a., Balance zwischen Struktur und Flexibilität, in Business Computing, Heft 7/1995, S. 30 – S. 36.

Nieschlag, R. u. a., Marketing, 17. Auflage, Berlin 1994.

Oehme, W., Handelsmarketing, 2. Auflage, München 1992.

o. V., Fachbegriffe rund um Vertriebs- und Marketingsoftware, in: acquisa, Heft 7/1999, S. 40.

o. V., So wird der Kunde König, in: Notes Magazin, Heft 6/1999, S. 28 – 31.

Puppe, F., Systematic Introduction to Expert Systems, Berlin u. a. 1993.

Quartapelle, A. Q., Kundenzufriedenheit, Berlin u. a. 1996.

Radtke, T., Angebote ohne Ende, in: Notes Magazin, Heft 6/1999, S. 16 – 18.

Rentschler, P., Ein innovatives Entwicklungsfeld, in: Office Management, Heft 5/1996, S. 47 – 50.

Rothenbacher, C., Strategie vor Technik, in: Business Computing, Heft 6/1995, S. 39 – 42.

Runow, H., Zur Theorie und Messung der Verbraucherzufriedenheit, Frankfurt am Main 1982.

Scharf, A. u. a., Marketing, Stuttgart u. a. 1995.

Scheer, A.-W., EDV-orientierte Betriebswirtschaftslehre, Berlin u. a. 1990.

Scheer, A. W. (Hrsg.), Prozeßorientierte Unternehmensmodellierung, Wiesbaden 1994.

Scheer, A. W., Wirtschaftsinformatik, Berlin u. a. 1997.

Scheer, A.-W., ARIS, 3. Auflage, Berlin u. a. 1998.

Schimmel-Schloo, M., Kaufberatung für CAS-Einsteiger, in: acquisa, Heft 7/1999, S. 62 – S. 71.

Schneider, U., Ein formales Modell und eine Klassifikation für die Fertigungssteuerung, Paderborn 1996.

Schwarze, J., Netzplantechnik, 7. Auflage, Herne u.a. 1994.

Siebel, T. M. u. a., Die Informationsrevolution im Vertrieb, Wiesbaden 1998.

Stahlknecht, P., Einführung in die Wirtschaftsinformatik, 7. Auflage, Berlin u. a. 1995.

Stauss, B., Beschwerdemanagement, München 1996.

Steffenhagen, H., Marketing, Stuttgart u. a. 1994.

Storp, H., Leitstand im Büro, in: Business Computing, Heft 7/1995, S. 32 – 35.

Trommsdorff, V., Konsumentenverhalten, 2. Auflage, Stuttgart 1993.

Webster, F. E., A General Model for Understanding Organizational Buying Behavior, in Journal of Marketing, Volume 36, Heft 2/1972, S. 12 – 19.

Weiber, R., Chaos? Das Ende der klassischen Diffusionsmodellierung, in: Marketing ZFP, Heft 1/1992, S. 35 – 46.

Weis, H. C., Marketing, 10. Auflage, Ludwigshafen (Rhein) 1997.

Zimmermann, W., Operations Research, T. Auflage, München u. a. 1995

GABLER

Stefan Helmke/Wilhelm Dangelmaier (Hrsg.)

Effektives Customer Relationship Management

Instrumente – Einführung – Organisation

2001, ca. 300 S., Br., ca. DM 89,–
ISBN 3-409-11767-9

Der Inhalt:
Überblick
CRM-Portale im Bankenbereich
Data Mining
Einführung von CRM-Systemen
Kundenorientierte Organisationsformen
Kosten- und Nutzenaspekte von CRM als DV-gestütztes Informationssystem
Virtuelle Competence Center

Das Buch:
Die Autoren präsentieren den Erkenntnisstand hinsichtlich aktueller Instrumente, Einführungskonzepte sowie notwendiger Organisation und Technik. Im einzelnen werden folgende Fragen beantwortet:

Welche Instrumente werden aktuell für den Einsatz im Customer Relationship Management diskutiert?

Wie kann E-Business effizient und effektiv für das Customer Relationship Management genutzt werden?

Welche organisatorischen und technischen Voraussetzungen sind für den erfolgreichen Einsatz von CRM-Systemen zu schaffen?

Wissenschaftler und Praktiker verdeutlichen den Nutzen und die Einsatzmöglichkeiten von CRM in der Unternehmenspraxis. Dies wird durch die Einbindung zahlreicher Praxisbeispiele anschaulich unterstützt.

Betriebswirtschaftlicher Verlag Dr. Th. Gabler GmbH · Abraham-Lincoln-Str. 46 · 65189 Wiesbaden

GABLER

Manfred Bruhn / Christian Homburg

Handbuch Kundenbindungsmanagement

Grundlagen – Konzepte – Erfahrungen

3., überarb. und erw. Aufl. 2000, XVI, 824 S., Geb., DM 198,–
ISBN 3-409-32269-8

Die Steigerung der Kundenbindung nimmt heute in Unternehmen eine dominante Stellung ein. Dies nicht zuletzt vor dem Hintergrund, dass eine erfolgreiche Kundenbindung den ökonomischen Erfolg eines Unternehmens maßgeblich beeinflusst.

Das *Handbuch Kundenbindungsmanagement* präsentiert hier den „State of the Art". Hochkarätige Wissenschaftler und Praktiker aus dem In- und Ausland beantworten folgende Fragen:
– Was ist unter dem Begriff Kundenbindung zu verstehen?
– Was sind die Gründe für eine Kundenbindung sowie für eine Kundenabwanderung?
– Welche Kundenbindungsinstrumente sind einsetzbar und wo liegen ihre spezifischen Stärken und Schwächen?
– Welche Voraussetzungen müssen im Unternehmen vorhanden sein, um Kundenbindungskonzepte umzusetzen?
– Wie kann der Erfolg des Kundenbindungsmanagements kontrolliert werden (Kosten-/Nutzenaspekte)?

Neben den Erkenntnissen aus der Wissenschaft präsentieren Führungskräfte aus der Unternehmenspraxis ihre Kundenbindungsmanagementerfahrungen. Bekannte Unternehmen wie American Express, Heidelberger Druckmaschinen, Migros, Otto Versand, Swissair, Tetra Pak, Thyssen-Krupp u. a., stellen hierbei ihre Kundenbindungskonzepte vor.

Die 3. Auflage wurde überarbeitet und um Beiträge zu Kundenbindung durch Online-Marketing, Kundenbindung durch nationale Kundenbarometer und zum Customer Relationship Management sowie um Branchenbeispiele aus der Immobilienwirtschaft, dem Detailhandel und dem Industriegüterbereich erweitert.

Betriebswirtschaftlicher Verlag Dr. Th. Gabler GmbH · Abraham-Lincoln-Str. 46 · 65189 Wiesbaden